2024~2025

特別会員

証券外務員

二種

対策問題集

J-IRIS●編

ビジネス教育出版社

このテキストについて

◆本書中の『2024年版　特別会員外務員必携（電子書籍）』からの転載、及び参照とした箇所の著作権は、日本証券業協会にあります。

◆本書の内容に関する一切の責は、株式会社日本投資環境研究所及び株式会社ビジネス教育出版社に帰属します。
内容についてのご不明な点は、ビジネス教育出版社までお問い合わせください。

◆本書の内容は、原則、2024年４月１日時点の法令諸規則等に則したものです。

◆本書は、「特別会員 二種 外務員（証券外務員）資格試験」を受験される方のための学習教材です。各試験の出題範囲の中から、頻出の内容をもとに構成しています。

◆試験制度や法令諸規則等の変更及び誤植等に関する情報につきましては、ビジネス教育出版社ホームページにて随時ご案内致しますのでご確認ください（https://www.bks.co.jp）。

～ はじめに ～

特別会員 外務員（証券外務員）資格試験に合格するためには、日本証券業協会の『特別会員外務員必携（電子書籍）』（以下『必携』という）の理解が必要です。しかし、『必携』の内容を理解するには、膨大な労力を要します。

そこで、本書『2024～2025　特別会員　証券外務員　［二種］対策問題集』は、『必携』を要約し、過去に出題された問題や、制度の改正を踏まえて作成しています。

まずは問題を解き、間違った場合は、なぜ間違ったのかを「解答」欄の解説を読んで、理解しましょう。

それでも理解できないときは、『2024～2025　特別会員　証券外務員　学習テキスト』を読んでください。『学習テキスト』は、単元ごとに必携を要約し、ポイントをまとめています。

また、本書の「解答」には、この『学習テキスト』の掲載ページが記載されていますので、該当ページで詳細を確認することができます。

「『学習テキスト』に目を通してから問題を解く」、又は「問題を解いてから『学習テキスト』で確認し、理解する」等、ご自身で学習計画を立てることで、効率化を図るとともに、内容の理解度を深めていただきたいと思います。

もし、同じ問題を解いても３～４回間違った場合は、それがあなたの「弱点問題」です。この「弱点問題」を確実に理解すること、弱点を克服することが、「合格」に結びつくのです。

巻末に本試験に即した模擬想定問題を２回分用意しています。学習の総仕上げとして受験前に時間（70分）を計って実際の試験のつもりで臨んでください。

ぜひ本書を活用して、合格を勝ち取ってください。

2024年６月

日本投資環境研究所

試験内容・合否・出題科目

特別会員二種外務員資格試験の概要は、以下のとおりです。

受験資格	①特別会員である登録金融機関の役職員及びその採用予定者 ②特別会員の支配会社（いわゆる純粋持株会社）の役職員及びその採用予定者 ③協会が承認した特別会員の関連会社の役職員 ④金融商品仲介業者の役職員及びその採用予定者
受験手続き	受験申込みの手続きは、すべて特別会員の担当部門が行います。
試験形式	①○×方式　②四肢選択方式
出題数	合計26問（○×方式12問、四肢選択方式14問） （○×方式1問５点、四肢選択方式１問10点）
試験方法	試験の出題、解答等はすべてPCにより行われます。 操作はマウスを使用します（電卓はPCの電卓を用います）。 なお、筆記用具や携帯電話の持ち込みは禁止されています。
試験時間	１時間10分
合否判定基準	200点満点のうち7割（140点）以上の得点で合格です。
合否結果	試験日の２営業日後に、担当者に通知されます。 なお、不合格の場合、不合格となった試験の受験日の翌日から起算して30日間は受験することができません。

試験の出題科目は、以下のとおりです。

法令・諸規則	○金融商品取引法 ○金融商品の勧誘・販売に関係する法律 ○協会定款・諸規則	予想配点 85点/200点
商品業務	○債券業務　○CP等短期有価証券業務 ○投資信託及び投資法人に関する業務[※] ○その他の金融商品取引業務	予想配点 95点/200点
関連科目	○証券市場の基礎知識 ○セールス業務	予想配点 20点/200点

【注】上記には、取引所定款・諸規則、証券投資計算、証券税制を含みます。
【※】投資信託及び投資法人に関する法律を含みます。

二種外務員資格（特別会員）試験　予想配点

	科目	問題数		配点
		○×	4択	
第2章	金融商品取引法	2	2	30
第3章	金融商品の勧誘・販売に関係する法律	2	1	20
第4章	協会定款・諸規則	1	3	35
第7章	債券業務	1	3	35
第5章	投資信託及び投資法人に関する業務	2	4	50
第8章	CP等短期有価証券業務	1	0	5
第9章	その他金融商品取引業務	1	0	5
第1章	証券市場の基礎知識	2	0	10
第6章	セールス業務	0	1	10
合計		12	14	200

出題順　「金融商品取引法」から、上記表の科目順に出題されます。
なお､同じ科目の中では「○×方式」「四肢選択方式」が混在します。

予想配点　(株)日本投資環境研究所の調査により配点の予想をしました。

本書の見方・使い方

〈弱点問題をチェック〉
問題を間違えた場合、四角部分にチェックを入れてください。もし4回チェックがつくようであれば、それがあなたの「弱点問題」です。
問題そのものを書き写すなどして、確実に解けるよう理解を深めましょう。

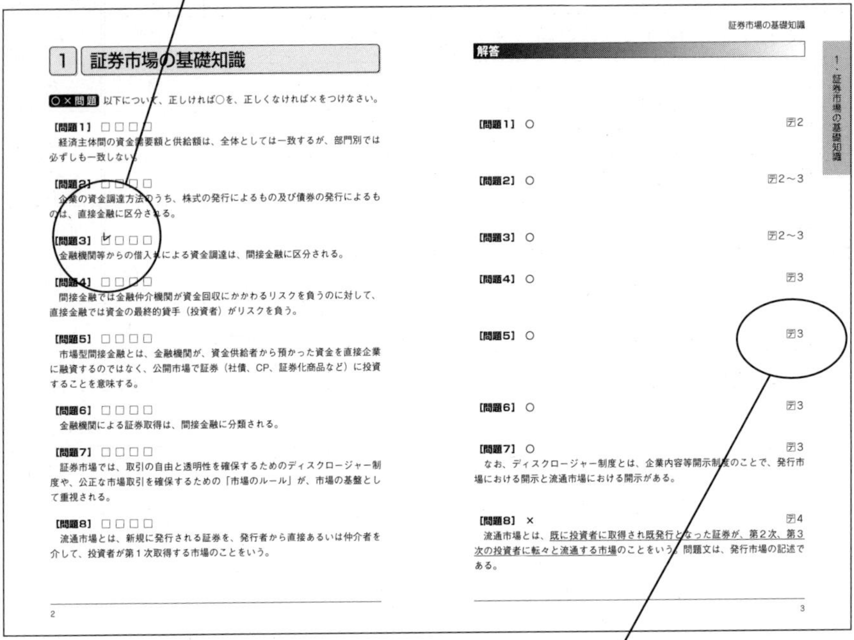

証券市場の基礎知識

1 証券市場の基礎知識

○×問題 以下について、正しければ○を、正しくなければ×をつけなさい。

【問題1】□□□□
経済主体間の資金需要額と供給額は、全体としては一致するが、部門別では必ずしも一致しない。

【問題2】□□□□
企業の資金調達方法のうち、株式の発行によるもの及び債券の発行によるものは、直接金融に区分される。

【問題3】☑□□□
金融機関等からの借入れによる資金調達は、間接金融に区分される。

【問題4】□□□□
間接金融では金融仲介機関が資金回収にかかわるリスクを負うのに対して、直接金融では資金の最終的貸手（投資者）がリスクを負う。

【問題5】□□□□
市場型間接金融とは、金融機関が、資金供給者から預かった資金を直接企業に融資するのではなく、公開市場で証券（社債、CP、証券化商品など）に投資することを意味する。

【問題6】□□□□
金融機関による証券取得は、間接金融に分類される。

【問題7】□□□□
証券市場では、取引の自由と透明性を確保するためのディスクロージャー制度や、公正な市場取引を確保するための「市場のルール」が、市場の基盤として重視される。

【問題8】□□□□
流通市場とは、新規に発行される証券を、発行者から直接あるいは仲介者を介して、投資者が第1次取得する市場のことをいう。

2

解答

【問題1】○ テ2

【問題2】○ テ2～3

【問題3】○ テ2～3

【問題4】○ テ3

【問題5】○ テ3

【問題6】○ テ3

【問題7】○ テ3
なお、ディスクロージャー制度とは、企業内容等開示制度のことで、発行市場における開示と流通市場における開示がある。

【問題8】× テ4
流通市場とは、既に投資者に取得され既発行となった証券が、第2次、第3次の投資者に転々と流通する市場のことをいう。問題文は、発行市場の記述である。

3

1．証券市場の基礎知識

〈参照ページ〉
当社発行の学習テキストの掲載ページを参照することで、内容に立ち返って確認することができます。
略称は、以下のとおりです。
テ……『2024～2025 特別会員 証券外務員 学習テキスト』

習熟チェック表

各科目の問題数が、いつ、どれだけ解けたかを記録できるチェック表です。
科目の復習や試験日に向けた習熟確認など、学習のめやすとしてお使いください。

科目　　　学習日	月　日	月　日	月　日	月　日
①証券市場の基礎知識 [全23問]	正　解　問	正　解　問	正　解　問	正　解　問
	正解率　%	正解率　%	正解率　%	正解率　%
②金融商品取引法 [全82問]	正　解　問	正　解　問	正　解　問	正　解　問
	正解率　%	正解率　%	正解率　%	正解率　%
③金融商品の勧誘・販売に関係する法律 [全35問]	正　解　問	正　解　問	正　解　問	正　解　問
	正解率　%	正解率　%	正解率　%	正解率　%
④協会定款・諸規則 [全81問]	正　解　問	正　解　問	正　解　問	正　解　問
	正解率　%	正解率　%	正解率　%	正解率　%
⑤投資信託及び投資法人に関する業務 [全89問]	正　解　問	正　解　問	正　解　問	正　解　問
	正解率　%	正解率　%	正解率　%	正解率　%
⑥セールス業務 [全12問]	正　解　問	正　解　問	正　解　問	正　解　問
	正解率　%	正解率　%	正解率　%	正解率　%
⑦債券業務 [全73問]	正　解　問	正　解　問	正　解　問	正　解　問
	正解率　%	正解率　%	正解率　%	正解率　%
⑧CP等短期有価証券業務 [全13問]	正　解　問	正　解　問	正　解　問	正　解　問
	正解率　%	正解率　%	正解率　%	正解率　%
⑨その他の金融商品取引業務 [全14問]	正　解　問	正　解　問	正　解　問	正　解　問
	正解率　%	正解率　%	正解率　%	正解率　%
合計 [全422問]	正　解　問	正　解　問	正　解　問	正　解　問
	正解率　%	正解率　%	正解率　%	正解率　%

特別会員

試験対策問題［二種］

問　題

1 証券市場の基礎知識

○×問題 以下について、正しければ○を、正しくなければ×をつけなさい。

[問題1] □□□□
金融市場において、経済主体間の資金需要額と供給額は、全体としては一致するが、部門別では必ずしも一致しない。

[問題2] □□□□
企業の資金調達方法のうち、株式の発行によるもの及び債券の発行によるものは、直接金融に区分される。

[問題3] □□□□
金融機関等からの借入れによる資金調達は、間接金融に区分される。

[問題4] □□□□
間接金融では金融仲介機関が資金回収にかかわるリスクを負うのに対して、直接金融では資金の最終的貸手（投資者）がリスクを負う。

[問題5] □□□□
市場型間接金融とは、金融機関が、資金供給者から預かった資金を直接企業に融資するのではなく、公開市場で証券（社債、CP、証券化商品など）に投資することを意味する。

[問題6] □□□□
金融機関による証券取得は、間接金融に分類される。

[問題7] □□□□
証券市場では、取引の自由と透明性を確保するためのディスクロージャー制度や、公正な市場取引を確保するための「市場のルール」が、市場の基盤として重視される。

[問題8] □□□□
流通市場とは、新規に発行される証券を、発行者から直接あるいは仲介者を介して、投資者が第1次取得する市場のことをいう。

解答

[問題1]　○　テ2

[問題2]　○　テ2～3

[問題3]　○　テ2～3

[問題4]　○　テ3

[問題5]　○　テ3

[問題6]　○　テ3

[問題7]　○　テ3

なお、ディスクロージャー制度とは、企業内容等開示制度のことで、発行市場における開示と流通市場における開示がある。

[問題8]　×　テ4

流通市場とは、既に投資者に取得され既発行となった証券が、第2次、第3次の投資者に転々と流通する市場のことをいう。問題文は、発行市場の記述である。

問題

[問題9] □□□□

発行市場と流通市場は、別々の市場であり、お互いに影響を及ぼすことはない。

[問題10] □□□□

金融商品取引法上の投資者保護とは、証券投資に関する情報を、正確かつ迅速に投資者が入手でき、また、不公正な取引の発生から投資者を回避させることが基本である。

[問題11] □□□□

「自己責任原則」とは、投資者は、自己の判断と責任で投資行動を行い、その結果としての損益はすべて投資者に帰属することをいう。

[問題12] □□□□

証券取引等監視委員会は、金融庁長官から一定の権限を受けた公的規制機関である。

[問題13] □□□□

証券保管振替機構とは、国債以外の有価証券の決済及び管理業務を集中的に行う日本で唯一の証券決済機関で、有価証券の振替制度を運営している。

[問題14] □□□□

投資者保護基金の補償対象は、機関投資家等のプロを除く顧客の預り資産である。

[問題15] □□□□

投資者保護基金の補償限度額は、１店舗当たり1,000万円とされている。

[問題16] □□□□

日本銀行は、①政策金利操作②公開市場操作③預金準備率操作等の金融政策を行う。

[問題17] □□□□

銀行は、金融商品の仲介を行うことはできない。

解答

[問題9]　×　テ4

発行市場にとっては、公正で継続的な価格形成と流動性が高い流通市場が不可欠であり、両市場は有機的に結びついている。

[問題10]　○　テ5

[問題11]　○　テ5

[問題12]　○　テ6

[問題13]　○　テ6

[問題14]　○　テ7

[問題15]　×　テ7

投資者保護基金の補償限度額は、顧客１人当たり1,000万円とされている。

[問題16]　○　テ7

[問題17]　×　テ7、36

銀行は、金融商品の仲介を行うことができる。

問題

［問題18］ □□□□

サステナブルファイナンスのうち、環境（Environment）、社会（Social）、ガバナンス（Governance）の3つの要素を投資決定に組み込むことをESG投資という。

［問題19］ □□□□

サステナブルファイナンスは、特定の金融商品や運用スタイルを指す言葉ではなく、持続可能な社会を支える金融の制度や仕組み、行動規範、評価手法等の全体像を指す。

［問題20］ □□□□

ESG要素を考慮する手法として、特定の業界や企業、国などを投資対象から除外するネガティブ・スクリーニングがある。

［問題21］ □□□□

サステナビリティボンドは、環境にも社会にもポジティブなインパクトを与えるプロジェクトに資金使途を限定して発行される債券である。

［問題22］ □□□□

環境や社会的課題に資するプロジェクトに資金が使われる債券を、サステナビリティ・リンク・ボンドという。

［問題23］ □□□□

金融庁が公表した「ESG評価・データ提供機関に係る行動規範」の6原則とは、品質の確保、人材の育成、独立性の確保・利益相反の管理、透明性の確保、守秘義務、企業とのコミュニケーションである。

解答

[問題18] ○ テ8

[問題19] ○ テ8

[問題20] ○ テ9

[問題21] ○ テ10

[問題22] × テ10～11

サステナビリティ・リンク・ボンドは、SDGs債のように資金使途を限定しない代わりに、発行体が自らのサステナビリティ戦略に基づくKPIを投資家に対し明示し、KPI毎に１つ若しくはそれ以上のSPT(s)を設定した上で、SPTの達成状況に応じて利払いや償還等の条件を変える債券である。問題文は、資金使途特定型のSDGs債であるサステナビリティボンドの記述である。

[問題23] ○ テ12

2 金融商品取引法

○×問題 以下について、正しければ○を、正しくなければ×をつけなさい。

[問題1] □□□□

金融商品取引法が規制対象としている有価証券の範囲には、株券や債券は含まれるが、約束手形や小切手は含まれない。

[問題2] □□□□

有価証券に表示されるべき権利は、株券の電子化や振替国債など、その有価証券が発行されていない場合、当該権利は有価証券とはみなされない。

[問題3] □□□□

売買の取次ぎとは、自己の名をもって委託者の計算で有価証券を買い入れ又は売却すること等を引き受けることでブローカー業務という。

[問題4] □□□□

有価証券の引受けとは、有価証券の募集若しくは売出し又は私募若しくは特定投資家向け売付け勧誘等に際し、発行体・売出人のためにその販売を引き受ける契約を締結することをいう。

[問題5] □□□□

金融商品取引法では、金融商品取引業を、第一種金融商品取引業、第二種金融商品取引業、投資助言・代理業及び投資運用業の４種類に分類し、参入規制を柔軟化している。

[問題6] □□□□

金融商品取引業者等は、勧誘員、販売員、外交員その他いかなる名称を有する者であるかを問わず、その役員又は使用人のうち、その金融商品取引業者等のために一定の行為を行う者について、内閣府令で定める場所に備える外務員登録原簿に登録を受けなければならない。

[問題7] □□□□

金融商品取引業者等は、投資者保護上問題がないと認められる場合に限り、登録を受けた外務員以外の者に外務員の職務を行わせることができる。

解答

[問題1]　○　テ16～17

[問題2]　×　テ17

有価証券に表示されるべき権利は、株券の電子化や振替国債など、その有価証券が発行されていなくても、その権利を有価証券とみなす。暗号等資産（いわゆる仮想通貨）などもこれに含まれる。

[問題3]　○　テ18

なお、自己とは金融商品取引業者又は登録金融機関、委託者とは顧客のことである。

[問題4]　○　テ18

[問題5]　○　テ20

[問題6]　○　テ21

なお、内閣府令で定める場所とは、協会員の場合、日本証券業協会である。

[問題7]　×　テ21

いかなる場合も、登録外務員以外の者による、外務行為は許されない。

問題

【問題8】 □□□□

内閣総理大臣（金融庁長官）は、登録の申請に係る外務員が欠格事由のいずれかに該当する者である場合は、外務員の登録を拒否しなければならない。

【問題9】 □□□□

他の金融商品取引業者等に登録されている者や、監督上の処分により外務員登録を取り消されて５年を経過していない者は外務員登録ができない。

【問題10】 □□□□

いったん登録された外務員は、いかなる場合も登録を取り消されることはない。

【問題11】 □□□□

外務員は、その所属する金融商品取引業者等に代わって、有価証券の売買等法律に規定する行為に関し、一切の裁判外の行為を行う権限を有するものとみなされる。

【問題12】 □□□□

外務員の行為の効果は、直接金融商品取引業者等に帰属し、金融商品取引業者等は、外務員の負った債務について直接履行する責任を負う。

【問題13】 □□□□

金融商品取引業者等は、金融商品取引法に違反する悪質な行為を外務員が行った場合でも、その行為が代理権の範囲外であれば、監督責任は免れる。

【問題14】 □□□□

金融商品取引業者等は外務員の行った営業行為につき責任を負うが、顧客に悪意があった場合には、責任を負う必要がない。

【問題15】 □□□□

金融商品取引業者等は、その行う金融商品取引業の内容について広告等をする場合は、利益の見込み等について著しく事実に相違する表示又は著しく人を誤認させる表示をすることは禁止されている。

【問題16】 □□□□

金融商品取引法上の規制対象となる広告類似行為に、ビラ・パンフレットの配布、ファクシミリ等があるが、電子メールも規制の対象に含まれる。

解答

[問題8]　○　テ21

[問題9]　○　テ21

[問題10]　×　テ22

内閣総理大臣は、欠格事由のいずれかに該当したときなど一定の場合、外務員登録を取り消し、又は2年以内の期間を定めて職務の停止を命ずることができる。

[問題11]　○　テ22

[問題12]　○　テ22

[問題13]　×　テ22

そうした行為が代理権の範囲外であることを理由として、監督責任を免れることはできない。

[問題14]　○　テ22

[問題15]　○　テ23

[問題16]　○　テ23

問題

[問題17] □□□□

金融商品取引業者等は、広告等を行う際は重要事項について顧客の不利益となる事実について表示しなければならない。

[問題18] □□□□

金融商品取引業者等が、金融商品取引契約を締結しようとするときは、顧客に対し、必ず契約締結前交付書面を交付しなければならない。

[問題19] □□□□

金融商品取引業者等が、特定投資家との間で取引を行う場合は、契約締結前の書面交付義務等に加え、損失補塡の禁止等の行為規制が適用除外となる。

[問題20] □□□□

金融商品取引業者等は、顧客から有価証券の売買又は店頭デリバティブ取引に関する注文を受けた場合、あらかじめ、自己がその相手方となって当該売買を成立させるのか、又は媒介し、取次ぎし、若しくは代理して当該売買若しくは取引を成立させるのかの別を明らかにしなければならない。

[問題21] □□□□

適合性の原則とは、「顧客の知識、経験、財産の状況及び金融商品取引契約を締結する目的に照らして不適当と認められる勧誘を行って投資者の保護に欠けることのないように業務を行わなければならない」ことをいう。

[問題22] □□□□

金融商品取引業者等は、最良執行方針等を定め、公表し、これに従って注文を執行しなければならないが、最良執行方針等を記載した書面を交付する必要はない。

[問題23] □□□□

金融商品取引業者等は、顧客資産が適切かつ円滑に返還されるよう、顧客から預託を受けた有価証券及び金銭を自己の固有財産と分別して管理しなければならない。

[問題24] □□□□

金融商品取引業者等は、金融商品取引業等を廃止した場合等に顧客に返還すべき金銭を顧客分別金として、信託会社等に信託しなければならない。

解答

[問題17]　○　テ23

[問題18]　×　テ24

過去１年以内に包括的な書面（上場有価証券等書面）を交付している場合など、契約締結前交付書面の交付義務の適用除外とされるケースもある。また、特定投資家には、書面交付義務はない。

[問題19]　×　テ26、30

特定投資家に対しては、契約締結前の書面交付義務は適用除外されるが、損失補填等の禁止等、市場の公正確保を目的とする行為規制は適用除外されない。

[問題20]　○　テ26

問題文は、取引態様の事前明示義務の記述である。なお、自己が相手方となって売買を成立させることを「仕切り注文」、媒介、取次ぎ、又は代理により売買を成立させることを「委託注文」という。

[問題21]　○　テ27、71

[問題22]　×　テ27

金融商品取引業者等は、最良執行方針等を定め、公表し、書面を交付し、注文を執行しなければならない。

[問題23]　○　テ27

問題文は、分別管理義務の記述である。

[問題24]　○　テ27

問題

[問題25] □□□□

金融商品取引業者等が、有価証券の売買その他の取引等について生じた損失を、第三者を通じて補塡した場合は禁止行為に当たらない。

[問題26] □□□□

金融商品取引業者等は、有価証券の売買等について、顧客に損失が生ずることとなった場合にこれを補塡する行為を行ってはならないが、損失を補塡する旨をあらかじめ約束する行為は禁止行為に当たらない。

[問題27] □□□□

損失補塡を要求する顧客の行為は、実際に補塡が行われなくても、損失補塡を要求し、約束させる行為自体が、処罰の対象となる。

[問題28] □□□□

損失の補塡が事故に起因するものであることについて、金融商品取引業者等が、あらかじめ内閣総理大臣（金融庁長官）の確認を受けていれば、顧客の発生した損失に対する補塡は単なる事故処理として扱われ、損失補塡に当たらないものとされている。

[問題29] □□□□

特定投資家制度において、地方公共団体は、選択により特定投資家に移行可能な一般投資家に区分される。

[問題30] □□□□

個人は、いかなる場合も特定投資家になることはできない。

[問題31] □□□□

金融商品取引業者等は、自己の名義をもって他人に金融商品取引業を行わせることができる。

[問題32] □□□□

あらかじめ顧客の意思を確認することなく、頻繁に顧客の計算で売買等を行うことは、投資者保護の目的に背き、市場の公正を損なうことになるので禁止されている。

解答

[問題25]　×　テ28

損失補塡について、第三者を通じて行った場合でも禁止行為となる。

[問題26]　×　テ28

損失を補塡し、又は利益を追加するため財産上の利益を提供する旨をあらかじめ約束する行為も、禁止行為となる。

[問題27]　○　テ28

[問題28]　○　テ28

なお、内閣府令で定める事故とは、未確認売買、誤認勧誘、事務処理ミス、システム障害、その他法令違反行為をいう。

[問題29]　○　テ29

[問題30]　×　テ29

一定の要件を満たす個人であれば、特定投資家に移行することができる。

[問題31]　×　テ30

金融商品取引業者等が自己の名義をもって他人に金融商品取引業を行わせる、いわゆる名義貸しは、禁じられている。

[問題32]　○　テ30

問題文は、回転売買の禁止の記述である。

問題

[問題33] □□□□

登録金融機関は、有価証券の取引について、断定的判断の提供により勧誘することは禁じられているが、結果としてそれが顧客の利益につながる場合は認められている。

[問題34] □□□□

断定的判断の提供による勧誘は禁止されているが、「必ず」などの言葉を用いていない場合は、禁止行為に当たらない。

[問題35] □□□□

有価証券の売買その他の取引について、虚偽の表示をし、又は投資家の投資判断に重大な影響を及ぼすような事項について誤解を生じさせる表示をすることは、故意、過失を問わず禁止されている。

[問題36] □□□□

金融商品取引業者等又はその役員若しくは使用人は、有価証券の売買その他の取引等について、顧客に対して特別の利益を提供してはならない。

[問題37] □□□□

金融商品取引業者等は、特定かつ少数の銘柄について、不特定かつ多数の顧客に対し、一定の期間継続して一斉にかつ過度に勧誘する行為は禁止されているが、その銘柄を現に金融商品取引業者等が保有している場合は、禁止行為に当たらない。

[問題38] □□□□

金融商品取引業者等又はその役員若しくは使用人は、有価証券の売買その他の取引につき、顧客に対して当該有価証券の発行者の法人関係情報を提供して勧誘を行ってはならない。

[問題39] □□□□

顧客より有価証券の売買の委託注文を受け、その注文の成立前に当該銘柄の自己の計算による売買を成立させることを目的として、その注文に係る価格と同一又はそれよりも有利な価格で当該有価証券の売買を行うことは禁止されている。

解答

[問題33]　×　テ31

断定的判断による勧誘は、いかなる場合も禁じられている。

[問題34]　×　テ31

「必ず」とか「きっと」といった言葉を使わなくても、断定的判断の提供となり得る場合がある。

[問題35]　○　テ31

問題文は、虚偽の表示の禁止の記述である。

[問題36]　○　テ32

なお、社会通念上サービスと考えられるものは含まれない。

[問題37]　×　テ32

金融商品取引業者等が現に保有している銘柄を、一定期間継続して一斉にかつ過度に勧誘することは、そのまま相場操縦に該当する可能性もあるので、厳しく禁じられている（大量推奨販売の禁止）。

[問題38]　○　テ32

[問題39]　○　テ33

問題文は、フロントランニングの禁止の記述である。

問題

[問題40] □□□□

金融商品取引業者等は、あらかじめ顧客の同意を得ずに当該顧客の計算において有価証券等の売買等をすることは禁止されているが、受渡しまでに顧客の同意を得れば、これに当たらない。

[問題41] □□□□

金融商品取引業者等は、主観的な目的を有していなければ、特定の銘柄の有価証券等について、実勢を反映しない作為的相場が形成されることを知りながら、売買取引の受託等を行ったとしても禁止行為には当たらない。

[問題42] □□□□

金融商品取引業者等の役員若しくは使用人は、自己の職務上の地位を利用して、顧客の有価証券の売買等に係る注文の動向その他職務上知り得た特別の情報に基づく売買等については、専ら投機的利益の追求を目的としない限り、行ってもよい。

[問題43] □□□□

金融機関は金融商品市場に参入するために子会社を設立することができ、金融商品取引業者も銀行（信託銀行）子会社を設立することができる。

[問題44] □□□□

NISAの非課税口座の損失は、特定口座や一般口座の利益と損益通算できる。

[問題45] □□□□

元本払戻金（特別分配金）が支払われる追加型株式投資信託は、NISA（少額投資非課税制度）の制度上のメリットを十分享受できる。

[問題46] □□□□

銀行、協同組織金融機関その他政令で定める金融機関は、原則として有価証券関連業又は投資運用業を行うことができない。

[問題47] □□□□

登録金融機関又はその役員若しくは使用人は、登録金融機関業務以外の業務を行う場合、金銭の貸付けその他信用の供与を条件として、有価証券の売買の受託等をする行為は禁止されている。

解答

[問題40]　×　テ33

無断売買は禁止されており、事後に顧客の同意を得る、いわゆる事後承諾売買も禁止されている。

[問題41]　×　テ34

主観的な目的の有無を問わず、禁止されている。

[問題42]　×　テ34

投機的利益の追求を目的としなくても、役職員の地位を利用した売買等は、禁止されている。

[問題43]　○　テ34

[問題44]　×　テ35

NISAの非課税口座の損失は、特定口座や一般口座の利益と損益通算できず、当該損失の繰越控除もできない。

[問題45]　×　テ35

追加型株式投資信託の分配金のうち元本払戻金（特別分配金）は、そもそも非課税でありNISAの制度上のメリットを享受できない。

[問題46]　○　テ36

なお、当該金融機関は、内閣総理大臣の登録を受けて有価証券関連業務の一部を行うことができる。登録を受けた金融機関を登録金融機関という。

[問題47]　○　テ37

問題

[問題48] □□□□

銀行、協同組織金融機関その他政令で定める金融機関以外の者は、内閣総理大臣（金融庁長官）の認可を受け、金融商品仲介業を営むことができる。

[問題49] □□□□

金融商品仲介業の登録を受けることができるのは、法人に限定されており、個人は受けることができない。

[問題50] □□□□

信用格付とは、金融商品又は法人の信用状態に関する評価の結果について、記号又は数字を用いて表示した等級をいう。

[問題51] □□□□

信用格付業を行う法人は、内閣総理大臣（金融庁長官）の登録を受けることができる。

[問題52] □□□□

何人も有価証券の募集、売出し、売買その他の取引若しくはデリバティブ取引等のため、又は有価証券等の相場の変動を図る目的をもって、風説を流布し、偽計を用い、又は暴行若しくは脅迫をしてはならないが、これに違反した場合でも罰則規定は設けられていない。

[問題53] □□□□

仮装取引とは、上場有価証券等の売買等について、取引状況に関し、他人に誤解を生じさせる目的をもって、自己が行う売付け若しくは買付けと同時期に、それと同価格で他人がその金融商品の買付け若しくは売付けを行うことをあらかじめその者と通謀して、その売付け若しくは買付けを行うことである。

[問題54] □□□□

特定投資家は、有価証券等の売買の取引を誘引する目的をもって、取引所金融市場における有価証券の相場を変動させるべき一連の有価証券の売買の委託をすることができる。

[問題55] □□□□

上場金融商品等の相場をくぎ付けにし、固定し、又は安定させる目的で、一連の有価証券売買等又はその申込み、委託等をすることは禁止されているが、企業の資金調達の便宜を優先させて、緊急避難的に認められる場合がある。

解答

[問題48]　×　テ37

金融商品仲介業を行うには、内閣総理大臣の登録を受ける必要がある。

[問題49]　×　テ37

金融商品仲介業の登録は、法人、個人を問わず受けることができる。

[問題50]　○　テ37

[問題51]　○　テ37

なお、内閣総理大臣（金融庁長官）の登録を受けた者を、信用格付業者という。

[問題52]　×　テ40

違反した場合は、懲役若しくは罰金、又はこれらが併科される。

[問題53]　×　テ41

仮装取引とは、上場有価証券等の売買等について、取引状況に関し、他人に誤解を生じさせる目的をもって、権利の移転、金銭の授受等を目的としない仮装の取引を行うことである。問題文は馴合取引の記述である。

[問題54]　×　テ42

有価証券等の売買の取引を誘引する目的をもって、取引所金融市場における有価証券の相場を変動させるべき一連の有価証券の売買の委託をすることは相場操縦であり、何人も行ってはならない。

[問題55]　○　テ42

このような取引を安定操作取引という。

問題

【問題56】 □□□□

会社関係者が当該会社の重要事実を公表される前に入手した場合は、公表後であっても、当該会社の株式の売買をすることはできない。

【問題57】 □□□□

内部者取引において、取引により損失が生じた場合、内部者取引に該当しない。

【問題58】 □□□□

内部者取引の要件である会社関係者に、当該上場会社等と契約を締結している、公認会計士、顧問弁護士は含まれる。

【問題59】 □□□□

会社関係者が、上場会社等の業務に関する重要事実を公表前に入手した場合には、会社関係者でなくなったとしても、会社関係者でなくなった後1年間は、当該重要事実が公表されていなければ当該上場会社が発行する株式等の売買はできない。

【問題60】 □□□□

上場会社の子会社に生じた重要事実については、内部者取引の規制の対象にならない。

【問題61】 □□□□

上場企業等の業務執行を決定する機関が、いったんは重要事実に該当する株式の募集を決定し、公表したが、その後当該募集を中止する決定をした場合には、その中止の決定は重要事実に該当する。

【問題62】 □□□□

上場会社の業務等に関する重要事実には、「資本金の額の減少」「合併」「代表取締役の解任・選任」「主要株主の異動」などが含まれる。

【問題63】 □□□□

上場会社等に関する重要事実に該当する事項について、重要事実が日刊紙を販売する新聞社や通信社又は放送機関等の２以上の報道機関に対して公開され、かつ公開したときから６時間以上経過した場合、重要事実が公表されたと認められる。

解答

[問題56]　×　テ43

公表後であれば、売買できる。

[問題57]　×　テ43

取引により損失が生じた場合でも、内部者取引に該当する。

[問題58]　○　テ43

[問題59]　○　テ43

なお、現在は会社関係者ではないが、以前会社関係者であり、会社関係者でなくなってから１年以内の者は、会社関係者とされる。

[問題60]　×　テ44

上場会社の子会社に生じた重要事実についても、親会社同様、内部者取引の規制の対象となる。

[問題61]　○　テ44

[問題62]　×　テ44

「代表取締役の解任・選任」は、業務等に関する重要事実に当たらない。

[問題63]　×　テ44

重要事実の公表は、２以上の報道機関に公開され、公開されてから12時間以上経過した場合、公表されたとみなされる。

問題

[問題64] □□□□

上場会社等が、金融商品取引所が運営する適時開示情報伝達システム（TDnet）に重要事実を掲載することにより、公衆縦覧に供されるとともに、直ちに公表されたことになる。

[問題65] □□□□

重要事実の公表において、当該上場会社等が提出した有価証券報告書等に記載され、金融商品取引法の規定に従い公衆の縦覧に供された場合も公表されたとみなされる。

[問題66] □□□□

上場会社の役員は、当該上場会社の株式に係る買付け又は売付け等をした場合、内閣府令に定める場合を除いて、その売買等に関する報告書を内閣総理大臣（金融庁長官）に提出しなければならない。

[問題67] □□□□

上場会社等の役員又は主要株主が、上場株式等の特定有価証券等について、自己の計算において買付けした後6ヵ月以内に売付けをし、利益を得たときは、当該上場会社等はその者に対し、得た利益の提供を請求できる。

[問題68] □□□□

何人も、有価証券の募集又は売出しに際し、不特定かつ多数の者に対して、これらの者の取得する当該有価証券を、自己又は他人が、特定額以上の価格で買い付ける旨又は特定額以上の価格で売り付けることをあっせんする旨の表示をし、又はこれらの表示と誤認されるおそれがある表示をしてはならない。

[問題69] □□□□

企業内容等開示制度（ディスクロージャー制度）が適用される有価証券には、投資信託の受益証券が含まれる。

[問題70] □□□□

有価証券の募集又は売出しについて、募集に関しては発行者による内閣総理大臣（金融庁長官）への届出を必要とするが、売出しに関しては内閣総理大臣への届出は必要としない。

解答

[問題64]　○　テ45

なお、この場合には12時間ルールは適用されない。

[問題65]　○　テ45

[問題66]　○　テ45

[問題67]　○　テ46

[問題68]　○　テ46

問題文は、有利買付け等の表示の禁止の記述である。

[問題69]　○　テ47

投資信託の受益証券には、「企業内容等開示制度」が適用される。なお、国債証券、地方債証券、金融債等は、企業内容等開示制度の適用される有価証券には含まれない。

[問題70]　×　テ48

売出しについても、内閣総理大臣（金融庁長官）への届出は必要である。

問題

【問題71】 □ □ □ □

有価証券の募集若しくは売出しの際、当該有価証券の発行者の事業その他の事項に関する説明を記載する文書を目論見書といい、直接相手方に交付し、又は相手方からの交付の請求があった場合には交付しなければならない。

【問題72】 □ □ □ □

企業内容等開示制度に関して、株式の所有者が500人以上のとき、その発行者は、当該株式の所有者が500人以上となった年度を含めて５年間、継続開示義務が課される。

【問題73】 □ □ □ □

資本金が５億円以上で、かつ、最近５事業年度のいずれかの末日において、株主名簿上の株主数が1,000人以上の会社は、流通市場における開示制度の適用対象会社となる。

【問題74】 □ □ □ □

有価証券報告書は、有価証券の募集若しくは売出しに際し、内閣総理大臣（金融庁長官）に提出するものであり、当該募集又は売出しに関する情報が記載された勧誘文書である。

【問題75】 □ □ □ □

有価証券報告書の提出を義務付けられている上場会社等は、有価証券報告書等の記載内容が金融商品取引法令に基づき適正であることを経営者が確認した旨を記載した確認書を、当該有価証券報告書等に併せて内閣総理大臣（金融庁長官）に提出しなければならない。

【問題76】 □ □ □ □

発行会社は、企業内容に関し財務状態及び経営成績に著しい影響を与える事象が発生したときは、訂正報告書を内閣総理大臣に提出しなければならない。

【問題77】 □ □ □ □

有価証券報告書等の電子開示手続は、TDnetを使用して行われる。

【問題78】 □ □ □ □

財務諸表について、社内の監査役による監査を受ければ、公認会計士や監査法人による監査証明を受ける必要はない。

解答

【問題71】 ○ テ49

【問題72】 × テ50

株式の所有者が300人以上のとき、その発行者は、当該株式の所有者が300人以上となった年度を含めて５年間、継続開示義務が課される。

【問題73】 ○ テ50

問題文は、「外形基準」の記述である。

【問題74】 × テ50

有価証券報告書は、事業年度経過後３ヵ月以内に作成する企業情報の外部への開示資料である。

【問題75】 ○ テ50

内部統制報告制度の導入に伴い、情報開示制度の信頼性を高めるため導入された。

【問題76】 × テ50

この場合は、臨時報告書を提出しなければならない。

【問題77】 × テ51

有価証券報告書等の電子開示手続は、EDINETを使用して行われる。

【問題78】 × テ51

社内の監査役の監査を受けていても、上場会社等監査人名簿への登録を受け、かつ、当該法人と特別の利害関係を持たない公認会計士や監査法人による監査証明を受けなければならない。

問題

選択問題

[問題79] □□□□

次の文章について、正しいものはどれか。正しい記述に該当するものをイ～ハから選んでいる選択肢の番号を1つマークしなさい。

イ．有価証券の売買の媒介とは、他人間の取引の成立に尽力することをいう。
ロ．有価証券の売買の取次ぎとは、自己の名をもって委託者の計算で、有価証券を買い入れ又は売却すること等を引き受けることをいう。
ハ．有価証券の売買の代理とは、委託者の計算で、委託者の名で有価証券の売買等を引き受けることをいう。

1．正しいのはイ及びロであり、ハは正しくない。
2．正しいのはイ及びハであり、ロは正しくない。
3．正しいのはロ及びハであり、イは正しくない。
4．イ、ロ及びハすべて正しい。

[問題80] □□□□

「外務員制度」に関する次の文章のうち、正しいものはどれか。正しい記述に該当するものをイ～ハから選んでいる選択肢の番号を1つマークしなさい。

イ．営業所又は事務所内でのみ、顧客に対し有価証券の売買その他の取引等を行う者については、外務員の登録は不要である。
ロ．金融商品取引業者等は、外務員の負った債務について、いかなる場合でも直接履行する責任を負う。
ハ．ある登録金融機関に外務員として登録されている者は、他の登録金融機関の外務員として登録を受けることができない。

1．正しいのはイのみであり、ロ及びハは正しくない。
2．正しいのはロのみであり、イ及びハは正しくない。
3．正しいのはハのみであり、イ及びロは正しくない。
4．イ、ロ及びハすべて正しくない。

解答

[問題79]　4　　テ18

イ．○

ロ．○　なお、自己とは金融商品取引業者や登録金融機関、委託者とは顧客のことである。

ハ．○

[問題80]　3　　テ21～22

イ．×　営業所等内であっても、外務員以外の者は、外務員の職務が許されないので、外務員の登録が必要である。

ロ．×　金融商品取引業者等は、外務員の行った営業行為について責任を負うが、相手方である顧客に悪意があるときは責任を負わない。

ハ．○

問題

[問題81] □□□□

次の文章について、正しいものはどれか。正しい記述に該当するものをイ～ハから選んでいる選択肢の番号を１つマークしなさい。

イ．金融商品取引業者等は、断定的判断の提供をして勧誘することは禁じられているが、結果としてそれが顧客の利益につながった場合は違法行為とならない。

ロ．金融商品取引業者等は、有価証券の売買等に関する顧客の注文について、最良の取引の条件で執行するための方針（最良執行方針等）を定め、公表し、これに従って執行しなければならない。

ハ．金融商品取引業者等は、金融商品取引契約を締結しようとするときには、内閣府令で定めるところにより、契約後遅滞なく、必要事項を記載した書面を顧客に交付しなければならない。

1．正しいのはイのみであり、ロ及びハは正しくない。
2．正しいのはロのみであり、イ及びハは正しくない。
3．正しいのはハのみであり、イ及びロは正しくない。
4．イ、ロ及びハすべて正しくない。

[問題82] □□□□

「企業内容等開示制度」に関する次の文章のうち、正しい記述に該当するものをイ～ハから選んでいる選択肢の番号を１つマークしなさい。

イ．企業内容等開示制度は、発行市場における開示と、流通市場における開示とに大別される。

ロ．企業内容等開示制度の対象となる有価証券は、基本的に発行段階では募集又は売出しが行われる有価証券である。

ハ．発行会社による届出を内閣総理大臣が受理すると、原則としてその日から15日を経過した日にその効力が発生する。

1．正しいのはイ及びロであり、ハは正しくない。
2．正しいのはイ及びハであり、ロは正しくない。
3．正しいのはロ及びハであり、イは正しくない。
4．イ、ロ及びハすべて正しい。

解答

[問題81]　2　　テ23、27、31

イ．×　結果にかかわらず、断定的判断の提供自体が違法行為となる。

ロ．○

ハ．×　金融商品取引契約を締結しようとするときには、あらかじめ、必要事項を記載した書面（契約締結前交付書面）を交付しなければならない。

[問題82]　4　　テ47～48

イ．○

ロ．○

ハ．○

3 金融商品の勧誘・販売に関係する法律

○×問題 以下について、正しければ○を、正しくなければ×をつけなさい。

[問題1] □□□□

金融サービスの提供及び利用環境の整備等に関する法律において、「金融商品の販売」とは、預金等の受入を内容とする契約、有価証券を取得させる行為、市場・店頭デリバティブ取引などを指す。

[問題2] □□□□

金融サービスの提供及び利用環境の整備等に関する法律において、金融商品の販売等を業として行うときは、金融商品の販売が行われるまでの間に、原則として顧客に重要事項の説明をしなければならない。

[問題3] □□□□

金融サービスの提供及び利用環境の整備等に関する法律において、金融商品販売業者等が重要事項の説明を行う場合は、口頭によるものでなくてはならない。

[問題4] □□□□

金融サービスの提供及び利用環境の整備等に関する法律において、重要事項の説明は、顧客の知識、経験、財産の状況及び当該金融商品の販売に係る契約を締結する目的に照らして、当該顧客に理解されるために必要な方法及び程度によるものでなければならない。

[問題5] □□□□

金融サービスの提供及び利用環境の整備等に関する法律において、金融商品販売業者が説明すべき重要事項の説明を行わなかった場合や断定的判断の禁止に違反する行為を行った場合には、契約を取り消すことができる。

[問題6] □□□□

金融サービスの提供及び利用環境の整備等に関する法律が規定する金融商品販売業者が行った重要事項の説明義務違反については、故意又は過失の有無を問わない。

[問題7] □□□□

金融サービスの提供及び利用環境の整備等に関する法律において、損害賠償責任が生じた場合の損害額は、元利合計額と推定される。

解答

[問題1]　○　テ56

[問題2]　○　テ56

なお、重要事項の説明は、書面の交付による方法でも可能だが、顧客の知識、経験、財産の状況及び当該金融商品の販売に係る契約を締結する目的に照らして、当該顧客に理解されるために必要な方法及び程度によるものでなければならない。

[問題3]　×　テ56

書面の交付による方法でも可能である。

[問題4]　○　テ56

なお、顧客が、金融商品の販売等に関する専門的知識及び経験を有する者として政令で定める特定顧客（特定投資家）である場合は、重要事項の説明義務は適用されない。

[問題5]　×　テ57

金融サービスの提供及び利用環境の整備等に関する法律において、違反行為があり顧客に損害を与えた場合には、損害賠償責任が生じる。

[問題6]　○　テ57

なお、故意又は過失の有無を問わない、いわゆる無過失責任とされている。

[問題7]　×　テ57

損害額は、元本欠損額と推定される

問題

[問題8] □□□□

金融サービスの提供及び利用環境の整備等に関する法律において、金融商品販売業者等に義務付けている勧誘方針の策定及び公表しなければならない事項には、「勧誘の方法及び時間帯に関し勧誘の対象となる者に対し配慮すべき事項」が含まれる。

[問題9] □□□□

金融サービスの提供及び利用環境の整備等に関する法律において、「金融サービス仲介業」とは、預金等媒介業務、保険媒介業務、有価証券等仲介業務又は貸金業貸付媒介業務のいずれかを業として行うことをいう。

[問題10] □□□□

消費者契約法における「消費者」には、事業のために契約の当事者となる個人も含まれる。

[問題11] □□□□

協会員が顧客に投資信託を販売する場合は、顧客は直接の契約の相手方とはならないので消費者契約法の対象とはならない。

[問題12] □□□□

消費者契約法において、消費者に対して事実と異なることを告げたことにより、顧客が困惑した場合、顧客は契約を取り消すことができる。

[問題13] □□□□

消費者契約法により契約の取消しをできるのは、重要事項の不実告知、断定的判断の提供、不利益事実の故意又は重大過失による不告知、不退去及び退去妨害等である。

[問題14] □□□□

消費者契約法において、取消権は、原則として追認することができるときから１年間行使しないとき、又は消費者契約の締結時から５年を経過したときに消滅する。

[問題15] □□□□

消費者契約法において、消費者が取消権を行使した場合、当初にさかのぼって契約が無効であったこととなる。

解答

[問題8]　○　テ57

[問題9]　○　テ58

[問題10]　×　テ59

「消費者」には、事業のために契約の当事者となる個人は含まれない。

[問題11]　×　テ59

投資信託の販売は、金融商品販売法の対象となる金融商品の販売等に関する契約となるため、消費者と事業者との間で締結される限り、消費者契約の対象となる。

[問題12]　○　テ59

また、金融商品販売業者が説明すべき重要事項の説明を行わなかった場合や断定的判断の禁止に違反する行為を行った場合にも、契約を取り消すことができる。

[問題13]　○　テ59～60

[問題14]　○　テ60

なお、霊感等を用いた告知に係る取消権は、それぞれ3年間、10年間である。

[問題15]　○　テ60

問題

【問題16】 □□□□

消費者契約法において、消費者が支払う損害賠償の額を予定する条項は、契約として無効である。

【問題17】 □□□□

個人情報の保護に関する法律が対象としているのは、個人情報、個人データ、保有個人データ、要配慮個人情報、仮名加工情報、匿名加工情報及び個人関連情報である。

【問題18】 □□□□

「仮名加工情報」とは、個人情報に含まれる記述等の一部を削除又は置換したり、個人情報に含まれる個人識別符号の全部を削除又は置換する措置を講じて他の情報と照合しない限り特定の個人を識別することができないように個人情報を加工して得られる個人に関する情報をいう。

【問題19】 □□□□

「匿名加工情報」とは、特定の個人を識別することができないように加工して得られる個人に関する情報であって、当該個人情報を復元して特定の個人を再識別することができないようにしたものをいう。

【問題20】 □□□□

個人情報の保護に関する法律において、個人情報とは、生存する個人の情報であって、氏名、生年月日その他の記述等により特定の個人を識別できるもの又は個人識別符号が含まれるものをいうが、情報それ自体からは特定の個人を識別できないが、他の情報と容易に照合することができ、それにより特定の個人を識別することができる場合には、当該情報は個人情報に該当する。

【問題21】 □□□□

個人情報の保護に関する法律において、法令に基づく場合などを除き、あらかじめ本人の同意を得ないで、個人データを第三者に提供してはならないこととされている。

【問題22】 □□□□

個人情報取扱事業者から個人データを委託され、当該個人データを受け取った者は、第三者提供の制限に係る第三者である。

【問題23】 □□□□

個人情報の保護に関する法律において、法人の代表者個人や取引担当者個人を識別することができる情報は、個人情報に該当しない。

解答

[問題16]　○　テ61

また、事業者の債務不履行により生じた消費者の解除権を放棄させ、又は当該事業者にその解除権の有無を決定する権限を付与する条項等も無効である。

[問題17]　○　テ62

[問題18]　○　テ62

[問題19]　○　テ62

[問題20]　○　テ62

[問題21]　○　テ63

[問題22]　×　テ64

個人情報取扱業者から個人データを委託され、当該個人データを受け取った者は、第三者に該当しない。

[問題23]　×　テ64

個人情報に該当する。なお、法人の代表者個人や取引担当者個人を識別することができる情報には、氏名、住所、性別、生年月日、容貌の画像等がある。

問題

[問題24] □□□□

犯罪による収益の移転防止に関する法律において、金融商品取引業者は、顧客に有価証券を取得させることを内容とする契約を締結する際は、最初に顧客の本人特定事項及び取引を行う目的、職業の取引時確認を行わなければならない。

[問題25] □□□□

犯罪による収益の移転防止に関する法律において、会社の経理担当者が会社のために預金口座を開設する場合は、会社のみならず、経理担当者についても本人特定事項の確認が必要である。

[問題26] □□□□

既に取引時確認をしたことがある顧客との取引については、ハイリスク取引であっても、改めて取引時確認を行う必要はない。

[問題27] □□□□

犯罪による収益の移転防止に関する法律における取引時確認について、なりすましの疑いがある取引であっても、既に取引時確認をしておれば改めて本人確認する必要はない。

[問題28] □□□□

犯罪による収益の移転防止に関する法律において、健康保険証は、取引時確認における本人確認書類に含まれない。

[問題29] □□□□

取引時確認における本人確認書類について、有効期限がない証明書の場合は、提示又は送付を受ける日の前6ヵ月以内に作成されたものに限られる。

[問題30] □□□□

協会員は、取引時確認を行った場合、直ちに確認記録を作成し、当該契約の取引終了日及び取引時確認済み取引に係る取引終了日のうち後に到来する日から7年間保存しなければならない。

[問題31] □□□□

顧客から受け取った財産が犯罪による収益である疑いがあり、又は顧客が犯罪収益の取得や処分について事実を仮装したり、犯罪収益を隠匿している疑いがあると認められる場合には、速やかに行政庁に対して疑わしい取引の届出を行わなければならない。

解答

[問題24]　○　テ65

[問題25]　○　テ65

[問題26]　×　テ65

ハイリスク取引の場合、改めて取引時確認を行う必要がある。

[問題27]　×　テ65

なりすましの疑いがある取引については、当初行った確認とは異なる方法による本人確認が必要となる。

[問題28]　×　テ66

各種健康保険証は、本人確認書類に含まれる。

[問題29]　○　テ66

なお、有効期限のある証明書の場合、提示又は送付を受ける日において有効なものに限られる。

[問題30]　○　テ66

[問題31]　○　テ66

問題

選択問題

【問題32】 □□□□

金融サービスの提供及び利用環境の整備等に関する法律の説明義務に関する次の記述のうち、正しいものはどれか。正しい記述に該当するものをイ～ハから選んでいる選択肢の番号を１つマークしなさい。

イ．重要事項の説明は、顧客の知識、経験、財産の状況及び当該金融商品の販売に係る契約を締結する目的に照らして、当該顧客に理解されるために必要な方法及び程度によるものでなければならない。

ロ．重要事項には、元本欠損が生ずるおそれ及び当初元本を上回る損失が生ずるおそれが含まれる。

ハ．重要事項の説明義務は、すべての顧客に適用される。

1．正しいのはイ及びロであり、ハは正しくない。
2．正しいのはイ及びハであり、ロは正しくない。
3．正しいのはロ及びハであり、イは正しくない。
4．イ、ロ及びハすべて正しい。

【問題33】 □□□□

消費者契約法に関する次の記述のうち、正しいものはどれか。正しい記述に該当するものをイ～ハから選んでいる選択肢の番号を１つマークしなさい。

イ．取消し対象となる契約に、不利益事実の故意又は重大過失による不告知がある。

ロ．取消権は、原則として追認することができる時から６ヵ月間行使しないとき、又は消費者契約の締結時から３年を経過したときに消滅する。

ハ．無効となる契約に、消費者の利益を一方的に害する条項が含まれる。

1．正しいのはイ及びロであり、ハは正しくない。
2．正しいのはイ及びハであり、ロは正しくない。
3．正しいのはロ及びハであり、イは正しくない。
4．イ、ロ及びハすべて正しい。

解答

[問題32]　1　テ56〜57

イ．○

ロ．○

ハ．×　特定投資家や重要事項について説明を要しない旨の顧客の意思の表明があった場合は、重要事項の説明義務は免除される。

[問題33]　2　テ60〜61

イ．○

ロ．×　取消権は、原則として追認することができる時から１年間行使しないとき、又は消費者契約の締結時から５年を経過したときに消滅する。なお、霊感等を用いた告知に係る取消権は、それぞれ３年間、10年間である。

ハ．○

問題

[問題34] □□□□

個人情報の保護に関する法律に関する次の記述のうち、正しいものはどれか。正しい記述に該当するものをイ～ハから選んでいる選択肢の番号を１つマークしなさい。

イ．個人情報を取り扱うに当たっては、「利用目的」をできる限り特定しなければならない。
ロ．あらかじめ本人の同意を得ないで、特定された利用目的の達成に必要な範囲を超えて、個人情報を取り扱ってはならない。
ハ．契約締結に伴い契約書等に記載された個人情報を取得する場合は、あらかじめ、本人に対し、その利用目的を明示しなければならない。

1．正しいのはイ及びロであり、ハは正しくない。
2．正しいのはイ及びハであり、ロは正しくない。
3．正しいのはロ及びハであり、イは正しくない。
4．イ、ロ及びハすべて正しい。

[問題35] □□□□

次の文章について、正しいものはどれか。正しい記述に該当するものをイ～ハから選んでいる選択肢の番号を１つマークしなさい。

イ．「犯罪による収益の移転防止に関する法律」において、協会員は、顧客に有価証券を取得させることを内容とする契約を締結する際は、最初に顧客の取引時確認を行わなければならない。
ロ．「犯罪による収益の移転防止に関する法律」において、なりすましの疑いがある取引については、本人特定事項について当初行った確認とは異なる方法による本人確認が必要となる。
ハ．「犯罪による収益の移転防止に関する法律」において、協会員は、疑わしい取引の届出を行おうとする場合は、そのことを、当該疑わしい取引の届出に係る顧客に報告しなければならない。

1．正しいのはイ及びロであり、ハは正しくない。
2．正しいのはイ及びハであり、ロは正しくない。
3．正しいのはロ及びハであり、イは正しくない。
4．イ、ロ及びハすべて正しい。

解答

[問題34]　4　テ63

イ．○

ロ．○

ハ．○

[問題35]　1　テ65～66

イ．○

ロ．○

ハ．×　協会員は、疑わしい取引の届出を行おうとすること又は行ったことを、当該疑わしい取引の届出に係る顧客又はその関係者に漏らしてはならない。

4 協会定款・諸規則

〇×問題 以下について、正しければ○を、正しくなければ×をつけなさい。

[問題1] □□□□

協会員は、顧客の投資経験、投資目的、資力等を十分に把握し、顧客の意向と実情に適合した投資勧誘を行うように努めなければならない。

[問題2] □□□□

協会員は、当該協会員にとって新たな有価証券等（有価証券、有価証券関連デリバティブ取引等）の販売を行うに当たっては、当該有価証券等の特性やリスクを十分に把握し、当該有価証券等に適合する顧客が想定できないものは販売してはならない。

[問題3] □□□□

顧客カードの記載事項に、資産の状況は含まれる。

[問題4] □□□□

協会員は、高齢顧客（個人に限り、特定投資家を除く）に有価証券等の勧誘による販売を行う場合には、当該協会員の業態、規模、顧客分布及び顧客属性並びに社会情勢その他の条件を勘案し、高齢顧客の定義、販売対象となる有価証券等、説明方法、受注方法等に関する社内規則を定め、適正な投資勧誘に努めなければならない。

[問題5] □□□□

協会員は、株式投資信託の取引を初めて行う顧客に対しては、取引開始基準に適合した顧客から取引を受託しなければならない。

[問題6] □□□□

特別会員は、投資信託の受益証券の募集に当たっては、預金等との誤認防止を図るため、目論見書等、必要な事項が記載された書面を交付するとともに、顧客が所定の事項について十分理解するように説明するものとされている。

解答

[問題1] ○ 〒71

問題文は、「適合性の原則」の記述である。

[問題2] ○ 〒71

なお、これは、合理的根拠適合性による規定である。

[問題3] ○ 〒72

なお、顧客カードの記載事項には、「資産の状況」の他、「投資目的」、「投資経験の有無」、「取引の種類」などがある。

[問題4] ○ 〒73

[問題5] × 〒73

株式投資信託の取引を始める場合は、取引開始基準は定めない。顧客が有価証券関連デリバティブ取引等や特定店頭デリバティブ取引等ハイリスク・ハイリターンな特質を有する取引等を始めようとする場合に、取引開始基準を定め、その基準に適合しているかどうか確認する。

[問題6] ○ 〒74

なお、預金等ではないこと、預金保険法に定める保険金の支払い対象にならないこと、元本の返済が保証されていないことなどを説明しなければならない。

問題

[問題7] □□□□

協会員は、顧客に対し、主観的又は恣意的な情報提供となる特定銘柄の有価証券又は有価証券の売買に係るオプションの一律集中的推奨をしてはならない。

[問題8] □□□□

協会員は、顧客から有価証券の売買その他の取引等の注文があった場合において、仮名取引であることを知りながら、当該注文を受けてはならない。

[問題9] □□□□

協会員は、顧客に関する情報を漏えいしてはならない。また、協会員は、他の協会員の顧客に関する情報を不正に取得し、又は不正に取得した顧客に関する情報を業務に使用し若しくは漏えいしてはならない。

[問題10] □□□□

協会員は、上場会社等の役員等に該当する顧客については内部者登録カードを備え付けなければならないが、当該カードの記載事項に「投資目的」がある。

[問題11] □□□□

協会員は、新規顧客、大口取引顧客等からの注文の受託に際しては、あらかじめ当該顧客から買付代金又は売付有価証券の全部又は一部の預託を受ける等、取引の安全性の確保に努めるものとされている。

[問題12] □□□□

協会員は、有価証券の売買その他の取引等を行う場合には、管理上必要と認められる場合に限り、顧客の注文に係る取引と自己の計算による取引とを峻別しなければならない。

[問題13] □□□□

協会員は、顧客から保管の委託を受けている又は振替口座簿への記載若しくは記録により管理している投資信託等について、顧客に当該投資信託等に係る損益（トータルリターン）を通知しなければならない。

解答

[問題7]　○　テ75

[問題8]　○　テ76

[問題9]　○　テ76

[問題10]　×　テ76

内部者登録カードの記載事項に「投資目的」はない。当該カードの記載事項とされているは、「氏名又は名称」、「住所又は所在地及び連絡先」、「生年月日」、「会社名、役職名及び所属部署」、「上場会社等の役員等に該当することとなる上場会社等の名称及び銘柄コード」等である。

[問題11]　○　テ77

[問題12]　×　テ77

協会員は、有価証券の売買その他の取引等を行う場合には、例外なく顧客の注文に係る取引と自己の計算による取引とを峻別し、顧客の注文に係る伝票を速やかに作成のうえ、整理、保存しなければならないとされている。

[問題13]　○　テ78

問題

[問題14] □□□□

協会員は、業務上取得する法人関係情報に関して、その情報を利用した不公正な取引を防止するため、協会員における法人関係情報の管理態勢等の整備を図らなければならない。

[問題15] □□□□

協会員は、法人関係情報を取得した場合は、営業上有益であるため、他の部門と共有しなければならない。

[問題16] □□□□

法人関係部門とは、法人関係情報を統括して管理する部門をいう。

[問題17] □□□□

特別会員は、顧客の保護預り口座を設定したときは、その旨を当該顧客に通知しなければならない。

[問題18] □□□□

特別会員は、抽選償還が行われることのある債券について顧客から混合寄託契約により寄託を受ける場合は、その取扱方法についての社内規程を設け、事前にその社内規程について顧客の了承を得る必要がある。

[問題19] □□□□

特別会員は、顧客の保護預り口座を設定した場合は、当該顧客から単純な寄託契約又は混合寄託契約により寄託を受けた有価証券を、すべてその口座により出納保管しなければならない。

[問題20] □□□□

特別会員は、顧客から累積投資契約に基づく有価証券の寄託を受ける場合には、当該顧客と保護預り規程に基づく有価証券の寄託に関する契約を締結しなければならない。

解答

[問題14]　○　テ79

[問題15]　×　テ79

協会員は、法人関係情報を取得した役職員に対し、その取得した法人関係情報を直ちに管理部門に報告するなど法人関係情報を取得した際の管理のために必要な手続きを定め、業務上不必要な部門に伝わらないように管理しなければならない。

[問題16]　×　テ79

法人関係部門とは、主として業務（金融商品取引業及びその付随業務又は登録金融機関業務をいう）を行っている部門のうち、主として業務上、法人関係情報を取得する可能性の高い部門をいう。

[問題17]　○　テ81

[問題18]　○　テ81

[問題19]　○　テ81

[問題20]　×　テ82

特別会員は、顧客から累積投資契約に基づく有価証券の寄託を受ける場合には、当該顧客と保護預り規程に基づく有価証券の寄託に関する契約を締結する必要はない。

問題

[問題21] □□□□

照合通知書は、顧客の有価証券等に関する取引の種類等の区分に従って、それぞれに定める頻度で顧客に報告しなければならない。

[問題22] □□□□

照合通知書による報告は、顧客の有価証券等に関する取引の種類等の区分及び残高等について、その異動がある都度又は顧客から請求がある都度、行うことになっている。

[問題23] □□□□

照合通知書の記載事項として、立替金及び預り金の直近の残高がある。

[問題24] □□□□

特別会員は、照合通知書による報告を行う時点で金銭及び有価証券等の残高がない顧客であっても、直前に行った報告以後1年に満たない期間において、その残高があった場合には、顧客に現在その残高がない旨の報告を照合通知書により行わなければならない。

[問題25] □□□□

照合通知書の作成は、特別会員の検査、監査又は営業の担当部門において行うこととされている。

[問題26] □□□□

照合通知書の交付の方法は、顧客との直接連絡を確保する趣旨から、直接手渡すことが原則とされている。

[問題27] □□□□

顧客から照合通知書に記載されている、金銭、有価証券の残高について照会があったときは、特別会員の検査、監査又は管理の担当部門が受け付け、営業部門の担当者を通じて回答を行わなければならない。

[問題28] □□□□

契約締結時交付書面の送付は、顧客との直接連絡を確保する趣旨から、当該顧客の住所、事務所の所在地又は当該顧客が指定した場所に郵送することを原則としている。

解答

[問題21]　○　テ82

[問題22]　×　テ82

照合通知書による報告は、顧客の有価証券等に関する取引の種類等の区分に従って、それぞれに定める頻度で行わなければならない。

[問題23]　○　テ83

このほか、有価証券の直近の残高などがある。

[問題24]　○　テ83

[問題25]　×　テ84

照合通知書の作成は、特別会員の検査、監査又は管理の担当部門において行うこととされている。

[問題26]　×　テ84

照合通知書の交付の方法は、顧客との直接連絡を確保する趣旨から、当該顧客の住所、事務所の所在地又は当該顧客が指定した場所に郵送することが原則とされている。

[問題27]　×　テ85

顧客から照合通知書の記載内容について照会があったときは、特別会員の検査、監査又は管理の担当部門が受け付け、当該部門が遅滞なく回答を行わなければならない。

[問題28]　○　テ85

問題

[問題29] □□□□

内部管理責任者は、自らが任命された本店、その他の営業所又は事務所等の営業単位における投資勧誘等の営業活動、顧客管理に関し、重大な事案が生じた場合には、営業責任者に報告しなければならない。

[問題30] □□□□

協会員が、他の協会員の使用人を自己の従業員として採用することは禁止されているが、出向によって受け入れ採用する場合は、この規制の対象外とされている。

[問題31] □□□□

協会員は、他の協会員の従業員であった者又は現に他の協会員の従業員等を採用しようとする場合は、一級不都合行為者としての取扱い又は二級不都合行為者としての取扱い及び処分について、所定の方法により日本証券業協会に照会しなければならない。

[問題32] □□□□

協会員の従業員は、いかなる名義を用いているかを問わず、自己の計算において有価証券関連デリバティブ取引等を行ってはならない。

[問題33] □□□□

「仮名取引」とは、口座名義人とその口座で行われる取引の効果帰属者が一致しない取引のことであり、例えば顧客が架空名義あるいは他人の名義を使用してその取引の法的効果を得ようとする取引のことをいう。

[問題34] □□□□

協会員は、口座名義人の配偶者から注文がなされた場合は、仮名取引となるので、当該注文を受けてはならない。

[問題35] □□□□

協会員の従業員が有価証券の取引について、顧客と損益を共にする場合、あらかじめ当該顧客の承諾を得なければならない。

[問題36] □□□□

協会員の役員及び従業員は、顧客から有価証券の売買その他の取引等の注文を受けた場合において、自己がその相手方となって有価証券の売買その他の取引等を成立させてはならない。

解答

[問題29]　×　テ87

内部管理統括責任者に報告しなければならない。

[問題30]　○　テ88

[問題31]　○　テ88

問題文は、協会員の従業員の採用時の協会への照会の記述である。

[問題32]　○　テ89

[問題33]　○　テ89

[問題34]　×　テ89

配偶者や二親等内の血族であることなどの確認が行われているのであれば、仮名取引であることを告知されたというような特段の事情がない限り、その注文の受託が仮名取引の禁止規定に違反する可能性は低いと考えられる。

[問題35]　×　テ89

協会員の従業員が有価証券の取引について、いかなる場合も顧客と損益を共にすることを約束して、勧誘し又は実行してはならない。

[問題36]　○　テ90

問題

[問題37] □□□□

協会員の従業員は、自己の有価証券の売買その他の取引等について、顧客の書面による承諾がある場合に限り、顧客の名義を使用することができる。

[問題38] □□□□

協会員の従業員は、有価証券の売買その他の取引等に関して、顧客と金銭、有価証券の貸借を行うことは禁止されているが、やむを得ず従業員が顧客のために一時的に立て替えることなど一定の場合は許容されている。

[問題39] □□□□

協会員の従業員は、顧客に関する情報を不正に取得し、それを業務に使用若しくは漏えいしてはならない。

[問題40] □□□□

広告審査担当者の審査を受けずに、従業員限りで広告等の表示又は景品類の提供を行うことは禁止されている。

[問題41] □□□□

協会員の従業員は、投資信託証券の乗換えを勧誘するに際し、顧客（特定投資家を除く）に対して、当該乗換えに関する重要な事項について説明を行わなければならない。

[問題42] □□□□

協会員は、その従業員が有価証券の売買その他の取引等に係る顧客の注文の執行において、過失により事務処理を誤ることがないように、指導及び監督しなければならない。

[問題43] □□□□

日本証券業協会は、不都合行為者として取扱われた外務員について、外務員資格を取り消すことができる。

[問題44] □□□□

二級不都合行為者は、二級不都合行為者としての取扱いの決定の日から３年間、協会員の従業員としての採用が禁止される。

解答

[問題37]　×　テ90

協会員の従業員は、自己の有価証券の売買その他の取引等について、いかなる場合も、顧客の名義又は住所を使用してはならない。

[問題38]　×　テ90

顧客の債務の立替えを含む顧客との金銭、有価証券の貸借は、禁止されている。

[問題39]　○　テ90

[問題40]　○　テ90

[問題41]　○　テ91

[問題42]　○　テ91

問題文は、不適切行為の事務処理ミスの記述である。

[問題43]　○　テ92

なお、不都合行為者のうち、金融商品取引業の信用への影響が特に著しい行為を行ったと認められる者を一級不都合行為者として、その他の者を二級不都合行為者として取り扱う。

[問題44]　×　テ92

５年間、協会員の従業員としての採用が禁止される。なお、一級不都合行為者は、期限を設けずに協会員の従業員としての採用が禁止される。

問題

[問題45] □□□□

特別会員二種外務員は、店頭デリバティブ取引に類する複雑な仕組債を取り扱うことはできないが、レバレッジ投資信託は取り扱うことができる。

[問題46] □□□□

協会員は、その役員又は従業員のうち、外務員の種類ごとに定める一定の資格を有し、かつ外務員の登録を受けた者でなければ、外務員の職務を行わせてはならない。

[問題47] □□□□

協会員は、その役員又は従業員に外務員の職務を行わせる場合には、その者の氏名、生年月日その他の事項につき、日本証券業協会に備える外務員登録原簿に登録を受けなければならない。

[問題48] □□□□

日本証券業協会は、登録を受けている外務員が金融商品取引法に定める欠格事由に該当した場合にはその登録を取り消し、又は期間を定めて外務員の職務を停止する処分を行うことができる。

[問題49] □□□□

日本証券業協会は、外務員の資格に関する処分として、外務員（外務員であった者を含む）が外務員の職務又はこれに付随する業務に関し法令に違反したとき、その他外務員の職務に関して著しく不適当な行為をしたと認められるときは、決定により、当該行為時に所属していた協会員に対し当該外務員につき５年以内の期間を定めて外務員の職務を禁止する措置を講じる。

[問題50] □□□□

協会員は、外務員の登録を受けている者については、外務員登録日を基準として５年ごとの日の属する月の初日から１年間を受講義務期間とし、当該受講義務期間内に、日本証券業協会の外務員資格更新研修を受講させなければならない。

解答

[問題45]　×　テ93

特別会員二種外務員は、店頭デリバティブ取引に類する複雑な仕組債、店頭デリバティブ取引に類する複雑な投資信託及びレバレッジ投資信託を取り扱うことはできない。

[問題46]　○　テ94

[問題47]　○　テ94

[問題48]　○　テ94

なお、日本証券業協会は、登録を受けている外務員が金融商品取引法に定める欠格事由に該当した場合にはその登録を取り消し、又は２年以内の期間を定めて外務員の職務を停止する処分を行うことができる。

[問題49]　○　テ95

[問題50]　○　テ95

なお、外務員登録を受けていない者が新たに登録を受けたときは、登録日後180日以内に受講する必要がある。

問題

[問題51] □□□□

協会員は、外務員登録を受けていない者が新たに登録を受けたときは、登録日後180日以内に、日本証券業協会の外務員資格更新研修を受講させなければならない。

[問題52] □□□□

外務員は、受講義務期間内に、日本証券業協会の外務員資格更新研修を修了しなかった場合、すべての外務員資格の効力が停止し外務員の職務を行えなくなる。

[問題53] □□□□

受講義務期間内に外務員資格更新研修を修了しなかった場合でも、外務員資格が取り消されることはない。

[問題54] □□□□

協会員は、登録を受けている外務員について、外務員資格更新研修とは別に、毎年、外務員の資質向上のための社内研修を受講させなければならない。

[問題55] □□□□

協会員が行う広告等の表示及び景品類の提供に関する規則では、協会員としての品位を損なう表示や、協会員間の公正な競争を妨げる等の表示は行ってはならないこととされている。

[問題56] □□□□

協会員は、判断、評価等が入る広告等の表示を行ってはならない。

[問題57] □□□□

広告審査担当者の審査を受けなくても、営業責任者が同行している場合に限り広告等の表示又は景品類の提供を行うことが認められている。

[問題58] □□□□

日本証券業協会は、公社債の店頭売買を行う投資者及び協会員の参考に資するため、指定する協会員からの報告に基づき売買参考統計値を毎営業日発表している。

解答

[問題51]　○　テ95

[問題52]　○　テ95

また、受講義務期間の最終日の翌日から180日までの間に外務員資格更新研修を修了しなかった場合には、すべての外務員資格が取り消される。

[問題53]　×　テ95

受講義務期間に外務員資格更新研修を修了しなかった場合には、外務員資格更新研修を修了するまでの間、すべての外務員の効力が停止し、外務員の職務を行うことができなくなる。また、受講義務期間の最終日の翌日から180日までの間に当該研修を修了しなかった場合には、すべての外務員資格が取り消される。

[問題54]　○　テ95

[問題55]　○　テ96

[問題56]　×　テ96

その根拠を明示すれば、判断、評価等が入る広告等の表示を行うことができる。

[問題57]　×　テ90、97

営業責任者の同行の有無にかかわらず、広告審査担当者の審査を受けずに、広告等の表示又は景品類の提供を行うことは禁止されている。

[問題58]　○　テ98、176

問題

[問題59] □□□□

協会員は、顧客との間で公社債の店頭売買を行うときは、合理的な方法で算出された社内時価を基準にして取引しなければならない。

[問題60] □□□□

協会員は、小口投資家との間で公社債の店頭取引を行うに当たっては、公正性に配慮することや、小口投資家に対する取引所金融商品市場における取引と店頭取引の相違点についての説明等が義務付けられている。

[問題61] □□□□

協会員は、国債の発行日前取引を初めて行う顧客に対し、あらかじめ、当該取引が停止条件付売買であることを説明しなければならない。

[問題62] □□□□

協会員が、顧客の損失を補塡し、又は利益を追加する目的をもって、同一銘柄の公社債の店頭取引において、当該顧客又は第三者に有利となり、協会員に不利となる価格で売付けと買付けを同時に行う取引は、異常な取引として禁止される。

[問題63] □□□□

協会員は、公社債の店頭取引を行ったときは、約定時刻等を記載した注文伝票を作成しなければならない。

[問題64] □□□□

協会員は、顧客と外国証券の取引に係る契約を締結しようとするときは、あらかじめ各協会員が定める様式の外国証券取引口座に関する約款を当該顧客に交付し、当該顧客から約款に基づく取引口座の設定に係る申込みを受けなければならない。

[問題65] □□□□

外国証券については、募集及び売出し等の場合を除き金融商品取引法に基づく企業内容等の開示が行われておらず、投資者の入手し得る情報が限られていることから、協会員は、顧客に対する外国証券の勧誘に際しては、顧客の意向、投資経験、及び資力等に適合した投資が行われるよう十分配慮しなければならない。

解答

[問題59]　○　テ98

[問題60]　○　テ98

なお、小口投資家とは、公社債の額面1,000万円未満の取引を行う顧客をいう。

[問題61]　○　テ98

[問題62]　○　テ99

[問題63]　○　テ99

[問題64]　○　テ99

なお、顧客との外国証券の取引は、公開買付けに対する売付けを取り次ぐ場合を除き、約款の条項に従って行わなければならない。

[問題65]　○　テ100

問題

[問題66] □□□□

協会員は顧客から、国内で開示が行われていない外国証券の取引の注文を受ける場合には、顧客にこの旨を説明し、あらかじめ注意喚起しなければならない。

[問題67] □□□□

協会員が適格機関投資家を除く顧客に販売等ができる外国投資信託証券は、「外国証券取引に関する規則」に規定する要件を満たす国又は地域で設立され、外国投資信託受益証券及び外国投資証券ごとにそれぞれ規定されている「選別基準」に適合しているものでなくてはならない。

[問題68] □□□□

協会員は、外国投資信託証券が選別基準に適合しなくなった場合において、顧客から買戻しの取次ぎ又は解約の取次ぎの注文があったときは、これに応じなくてもよい。

[問題69] □□□□

協会員は、自社が販売した外国投資信託証券が選別基準に適合しなくなった場合、遅滞なくその旨を顧客に通知しなければならない。

選択問題

[問題70] □□□□

次の文章について、正しいものはどれか。正しい記述に該当するものをイ～ハから選んでいる選択肢の番号を１つマークしなさい。

イ．協会員は、投資勧誘に当たっては、顧客に対し、投資は投資者自身の判断と責任において行うべきものであることを理解させるものとし、顧客の側にも、この考え方を明確に持ってもらう必要がある。

ロ．協会員は、投資信託の取引を行うに当たっては、取引開始基準を定め、その基準に適合した顧客との間で取引の契約を締結するものとされている。

ハ．協会員は、顧客の投資経験、投資目的、資力等を十分に把握し、顧客の意向と実情に適合した投資勧誘を行うよう努めなければならない。

1．正しいのはイ及びロであり、ハは正しくない。
2．正しいのはイ及びハであり、ロは正しくない。
3．正しいのはロ及びハであり、イは正しくない。
4．イ、ロ及びハすべて正しくない。

解答

[問題66]　○　テ100

[問題67]　○　テ101

[問題68]　×　テ101

協会員は、外国投資信託証券が選別基準に適合しなくなった場合においても、顧客から買戻しの取次ぎ又は解約の取次ぎの注文があったときは、これに応じなければならない（買戻し義務）。

[問題69]　○　テ101

[問題70]　**2**　テ71、73

イ．○　問題文は、自己責任原則の徹底の記述である。
ロ．×　投資信託は、取引開始基準の適用外である。
ハ．○　問題文は、適合性の原則の記述である。

問題

[問題71] □□□□

次の文章のうち、「顧客カード」に関する記述として正しいものはどれか。正しい記述に該当するものをイ～ハから選んでいる選択肢の番号を1つマークしなさい。

イ．顧客カードの記載事項に、「資産の状況」は含まれる。
ロ．顧客カードの記載事項に、「本籍地」は含まれる。
ハ．顧客カードの記載事項に、「学歴」は含まれる。

1．正しいのはイのみであり、ロ及びハは正しくない。
2．正しいのはロのみであり、イ及びハは正しくない。
3．正しいのはハのみであり、イ及びロは正しくない。
4．イ、ロ及びハすべて正しくない。

[問題72] □□□□

次の文章のうち、「協会員の投資勧誘、顧客管理等に関する規則」に関する記述として正しいものはどれか。正しい記述に該当するものをイ～ハから選んでいる選択肢の番号を1つマークしなさい。

イ．特別会員は、投資信託を取り扱う場合には、「投資信託は元本の保証がされていないこと」を説明しなければならない。
ロ．特別会員は、投資信託を取り扱う場合には、「投資信託は預金等ではないこと」を説明しなければならない。
ハ．特別会員は、投資信託を取り扱う場合には、「投資信託は預金保険法に規定する保険金の支払いの対象とはならないこと」を説明しなければならない。

1．正しいのはイ及びロであり、ハは正しくない。
2．正しいのはイ及びハであり、ロは正しくない。
3．正しいのはロ及びハであり、イは正しくない。
4．イ、ロ及びハすべて正しい。

解答

[問題71]　1　テ72

イ．○

ロ．×　顧客カードの記載事項に、「本籍地」は含まれない。

ハ．×　顧客カードの記載事項に、「学歴」は含まれない。

[問題72]　4　テ74

イ．○

ロ．○

ハ．○

いずれも「預金等との誤認防止」の記述である。

問題

[問題73] □□□□

「内部者登録カード」に関する次の文章のうち、正しいものはどれか。正しい記述に該当するものをイ～ハから選んでいる選択肢の番号を1つマークしなさい。

イ. 内部者登録カードの記載事項に、「氏名又は名称」は含まれる。
ロ. 内部者登録カードの記載事項に、「会社名、役職名及び所属部署」は含まれる。
ハ. 内部者登録カードの記載事項に、「上場会社等の役員等に該当することとなる上場会社等の名称及び銘柄コード」は含まれる。

1. 正しいのはイ及びロであり、ハは正しくない。
2. 正しいのはイ及びハであり、ロは正しくない。
3. 正しいのはロ及びハであり、イは正しくない。
4. イ、ロ及びハすべて正しい。

[問題74] □□□□

次の文章について、正しいものはどれか。正しい記述に該当するものをイ～ハから選んでいる選択肢の番号を1つマークしなさい。

イ. 特別会員は、顧客に対して、融資、保証等に関する特別の便宜の提供を約し、登録金融機関業務に係る取引又は当該取引の勧誘を行ってはならない。
ロ. 特別会員は、新規顧客、大口取引顧客等からの注文の受託に際しては、あらかじめ当該顧客から買付代金又は売付有価証券の全部又は一部の預託を受ける等、取引の安全性の確保に努めなければならないとされている。
ハ. 特別会員は、顧客の投資経験、投資目的、資力等を十分に把握し顧客の意向と実情に適合した投資勧誘を行うよう努めなければならない。

1. 正しいのはイ及びロであり、ハは正しくない。
2. 正しいのはイ及びハであり、ロは正しくない。
3. 正しいのはロ及びハであり、イは正しくない。
4. イ、ロ及びハすべて正しい。

解答

[問題73]　4　テ76

イ．○

ロ．○

ハ．○

[問題74]　4　テ71、77

イ．○

ロ．○

ハ．○

問題文は、適合性の原則の記述である。

問題

[問題75] □□□□

次の文章のうち、「協会員の投資勧誘、顧客管理等に関する規則」に関する記述として正しいものはどれか。正しい記述に該当するものをイ～ハから選んでいる選択肢の番号を１つマークしなさい。

イ．協会員は、顧客の注文に係る取引の適正な管理に資するため、打刻機の適正な運用及び管理、コンピュータの不適正な運用の排除等を定めた社内規則を整備しなければならない。

ロ．協会員は、有価証券の売買その他の取引等を行う場合には、顧客の注文に係る取引と自己の計算による取引とを峻別し、顧客の注文に係る伝票を速やかに作成のうえ、整理、保存しなければならない。

ハ．協会員は、顧客から保管の委託を受けている又は振替口座簿への記載若しくは記録により管理している投資信託等について、顧客に当該投資信託等に係る損益（トータルリターン）を通知しなければならない。

1．正しいのはイ及びロであり、ハは正しくない。
2．正しいのはイ及びハであり、ロは正しくない。
3．正しいのはロ及びハであり、イは正しくない。
4．イ、ロ及びハすべて正しい。

[問題76] □□□□

次の文章のうち、日本証券業協会の「有価証券の寄託の受入れ等に関する規則」に関する記述として正しいものはどれか。正しい記述に該当するものをイ～ハから選んでいる選択肢の番号を１つマークしなさい。

イ．特別会員は、顧客から単純な寄託契約又は混合寄託契約により有価証券の寄託を受ける場合には、当該顧客と保護預り規程に基づく有価証券の寄託に関する契約を締結しなければならない。

ロ．抽選償還が行われることのある債券について顧客から混合寄託契約により寄託を受ける場合には、その取扱方法についての社内規程を設け、受託後遅滞なくその社内規程について顧客の了承を得る必要がある。

ハ．累積投資契約に基づく有価証券の寄託を受ける場合には、当該顧客と保護預り契約を締結する必要はない。

1．正しいのはイ及びロであり、ハは正しくない。
2．正しいのはイ及びハであり、ロは正しくない。
3．正しいのはロ及びハであり、イは正しくない。
4．イ、ロ及びハすべて正しい。

解答

[問題75]　4　テ77～78

イ．○

ロ．○

ハ．○

[問題76]　2　テ81～82

イ．○

ロ．×　事前にその社内規程について顧客の了承を得る必要がある。

ハ．○

問題

[問題77] □□□□

次の文章について、正しいものはどれか。正しい記述に該当するものをイ～ハから選んでいる選択肢の番号を１つマークしなさい。

イ．照合通知書の交付は、顧客の有価証券等に関する取引の種類等の区分及び残高について、その異動がある都度又は顧客から請求がある都度、行うことになっている。

ロ．照合通知書を顧客に交付するときは、顧客との直接連絡を確保する趣旨から、顧客に直接交付することを原則としている。

ハ．照合通知書による報告を行う時点で金銭及び有価証券等の残高がない顧客であっても、直前に行った報告以後２年に満たない期間において、その残高があった場合には、顧客に現在その残高がない旨の報告を照合通知書により行わなければならない。

1．正しいのはイのみであり、ロ及びハは正しくない。
2．正しいのはロのみであり、イ及びハは正しくない。
3．正しいのはハのみであり、イ及びロは正しくない。
4．イ、ロ及びハすべて正しくない。

[問題78] □□□□

次の文章のうち、「協会員の従業員に関する規則」に関する記述として正しいものはどれか。正しいものの番号を１つマークしなさい。

イ．協会員の従業員は、自己の計算において、有価証券関連デリバティブ等を行うことができる。

ロ．従業員に対する監督責任の所在を明らかにするため、協会員が、他の協会員の使用人を自己の従業員として採用することは、出向による受け入れを除き禁止されている。

ハ．協会員の従業員は、投資信託受益証券等の乗換えを勧誘するに際し、顧客（特定投資家を除く）に対して、当該乗換えに関する重要な事項について説明しなければならない。

1．正しいのはイ及びロであり、ハは正しくない。
2．正しいのはイ及びハであり、ロは正しくない。
3．正しいのはロ及びハであり、イは正しくない。
4．イ、ロ及びハすべて正しい。

解答

[問題77]　4　テ82〜84

イ．×　照合通知書は、顧客の有価証券等に関する取引の種類等の区分及び残高等について、顧客の取引の区分に従って、それぞれに定める頻度で顧客に報告しなければならない。

ロ．×　顧客の住所、事務所の所在地等に郵送することを原則としている。

ハ．×　直前に行った報告以後1年に満たない期間において、その残高があったものについては、照合通知書により、現在その残高がない旨報告しなければならない。

[問題78]　3　テ88〜89、91

イ．×　協会員の従業員は、いかなる名義を用いるかを問わず、自己の計算において、有価証券関連デリバティブ取引等又は特定店頭デリバティブ取引等を行うことはできない。

ロ．〇

ハ．〇

問題

[問題79] □□□□

次の文章について、正しいものはどれか。正しい記述に該当するものをイ～ハから選んでいる選択肢の番号を１つマークしなさい。

イ．特別会員一種外務員は、外務員のうち、登録金融機関業務に係る外務員の職務を行うことができる者をいう。

ロ．特別会員二種外務員は、有価証券関連デリバティブ取引等を行うことはできないが、選択権付債券売買取引を行うことができる。

ハ．特別会員二種外務員は、店頭デリバティブ取引に類する複雑な投資信託は扱えないが、レバレッジ投資信託に係る職務は扱うことができる。

1．正しいのはイのみであり、ロ及びハは正しくない。
2．正しいのはロのみであり、イ及びハは正しくない。
3．正しいのはハのみであり、イ及びロは正しくない。
4．イ、ロ及びハすべて正しくない。

[問題80] □□□□

次の文章について、正しいものはどれか。正しい記述に該当するものをイ～ハから選んでいる選択肢の番号を１つマークしなさい。

イ．日本証券業協会は、登録を受けた外務員が金融商品取引法に定める欠格事由に該当したときは、その登録の取消し又は期間を定めて外務員の職務の停止処分を行うことができる。

ロ．特別会員は、外務員の登録を受けていない者について、新たに外務員の登録を受けたときは、外務員登録日後１年以内に外務員資格更新研修を受講させなければならない。

ハ．特別会員は、登録を受けている外務員について、外務員資格更新研修とは別に、３年ごとに、外務員の資質向上のための社内研修を受講させなければならない。

1．正しいのはイのみであり、ロ及びハは正しくない。
2．正しいのはロのみであり、イ及びハは正しくない。
3．正しいのはハのみであり、イ及びロは正しくない。
4．イ、ロ及びハすべて正しくない。

解答

[問題79]　1　　テ93

イ．○

ロ．×　特別会員二種外務員は、有価証券関連デリバティブ取引等だけでなく、選択権付債券売買取引を行うこともできない。

ハ．×　特別会員二種外務員は、店頭デリバティブ取引に類する複雑な投資信託だけでなく、レバレッジ投資信託に係る職務も扱うことはできない。

[問題80]　1　　テ94～95

イ．○　なお、外務員の職務停止処分の期間は、２年以内とされている。

ロ．×　外務員登録日後180日以内に、外務員資格更新研修を受講させなければならない。

ハ．×　毎年、外務員の資質向上のための社内研修を受講させる必要がある。

問題

[問題81] □□□□

次の文章のうち、「外国証券の取引に関する規則」に関する記述として正しいものはどれか。正しい記述に該当するものをイ～ハから選んでいる選択肢の番号を１つマークしなさい。

イ．協会員は、顧客と外国証券の取引に関する契約を締結しようとするときは、外国証券取引口座に関する約款を当該顧客に交付し、当該顧客から当該約款に基づく取引口座の設定に係る申込みを受けなければならない。
ロ．協会員は、外国投資信託証券が選別基準に適合しなくなった場合において、顧客から買戻しの取次ぎ又は解約の取次ぎの注文があっても、これに応じる義務はない。
ハ．協会員は、自社が顧客に販売した外国投資信託証券が選別基準に適合しなくなった場合には、遅滞なくその旨を顧客に通知しなければならない。

１．正しいのはイ及びロであり、ハは正しくない。
２．正しいのはイ及びハであり、ロは正しくない。
３．正しいのはロ及びハであり、イは正しくない。
４．イ、ロ及びハすべて正しい。

解答

[問題81]　2　　テ99、101

イ．○　なお、外国証券の取引に関する契約の締結については、申込書を顧客から受け入れる方法又はその他協会員が定める方法により、当該顧客から申込みを受けた旨が確認できるようにしなければならない。

ロ．×　協会員は、外国投資信託証券が選別基準に適合しなくなった場合において、顧客から買戻しの取次ぎ又は解約の取次ぎの注文があったときは、これに応じなければならない。

ハ．○

5 投資信託及び投資法人に関する業務

○×問題 以下について、正しければ○を、正しくなければ×をつけなさい。

【問題1】 □□□□
投資信託の本質は、多数の投資者から資金を集め、第三者である専門家が運用・管理する仕組み、つまり、「集団投資スキーム」である。

【問題2】 □□□□
投資信託においては、販売会社、運用会社（委託者)、信託銀行（受託者）が、万が一破綻しても、財産は保全される仕組みとなっている。

【問題3】 □□□□
投資信託は、分配金が支払われると、その金額相当分、基準価額は下落する。

【問題4】 □□□□
投資信託の分配金は、期中に発生した運用収益を超えて支払われることはない。

【問題5】 □□□□
私募投資信託における運用やディスクロージャーに関する規制は、公募投資信託よりも厳しいものとなっている。

【問題6】 □□□□
会社型投資信託にはファンド自体に法人格はないが、契約型投資信託はファンド自体に法人格がある。

【問題7】 □□□□
会社型（投資法人）は、株式会社に準じた機構が制度化されており、投資主には投資主総会における議決権がある。

【問題8】 □□□□
委託者指図型投資信託は、委託者と受託者の間で締結された投資信託契約に基づき、委託者が運用の指図を行い、その受益権を分割して複数の投資者が取得する。

解答

[問題1] ○ テ106

なお、集団投資スキームの存在意義は、家計・企業の金融資産の形成や金融・資本市場の活性化に寄与する点にある。

[問題2] ○ テ107、110

なお、これは、投資信託の場合、資金は窓口となっている証券会社、銀行などの販売会社を通過するだけであり、信託銀行において、投資信託財産と信託銀行自身の財産とが分別管理されているためである。

[問題3] ○ テ107

なお、分配金は、預貯金の利子とは異なり、投資信託の純資産から支払われるので、分配金が支払われると、その金額相当分、基準価額は下落する。

[問題4] × テ107

分配金は、期中に発生した運用収益を超えて支払われる場合がある。その場合、当期決算日の基準価額は前期決算日に比べて下落することとなる。

[問題5] × テ108

私募投資信託は、オーダーメイド的な性格が強いことから、運用やディスクロージャーに関する規制は、公募投資信託よりも緩やかなものとなっている。

[問題6] × テ109

契約型投資信託にはファンド自体に法人格はないが、会社型投資信託は、ファンド自体に法人格がある。

[問題7] ○ テ109

[問題8] ○ テ110

問題

【問題9】 □□□□

委託者指図型投資信託を設定する場合、投資信託委託会社と販売会社は投資信託契約の締結をしなければならない。

【問題10】 □□□□

不動産投資信託の投資対象には、不動産の賃借権は含まれない。

【問題11】 □□□□

証券投資信託は、有価証券及び有価証券関連デリバティブ取引に係る権利に、原則として投資信託財産の総額の２分の１を超える額を投資しなければならない。

【問題12】 □□□□

信託の受益権が複数の者に分割されず特定人にのみ与えられるものであっても、有価証券への投資運用を目的とするものであれば、証券投資信託に該当する。

【問題13】 □□□□

公社債投資信託には、原則として株式を組み入れないことになっているが、約款に定めれば、５％を上限に株式を組み入れることができる。

【問題14】 □□□□

日々決算型ファンドは、投資家の購入金額は、常に単位当たりの元本価格（10,000円）と同一であり、基準価額も、運用で損失が生じない限り、単位当たりの元本価格（10,000円）と常に同一で、信託財産に生じた利益はすべて分配金となり、分配金は日々再投資される。

【問題15】 □□□□

単位型投資信託は、ある一定の期間に投資家から資金を募り、集まった資金でファンドを設立した後は、追加の資金を受け付けない投資信託のことである。

【問題16】 □□□□

ETFは、日経平均などの株価指数に連動することを目的とした投資信託で、株式以外の指標に基づくものは取引されていない。

解答

[問題9]　×　テ110、117

委託者指図型投資信託を設定する場合の投資信託契約は、投資信託委託会社と受託者（信託会社等）の間で締結される。販売会社ではない。

[問題10]　×　テ111、147

不動産投資信託の投資対象に、不動産の賃借権は含まれる。

[問題11]　○　テ111

[問題12]　×　テ111

「証券投資信託」は委託者指図型投資信託の一種であり、委託者指図型投資信託は受益権を複数の者に取得させることを目的としているものであるため、たとえ有価証券への投資運用を目的としていても、受益権が特定人にのみ与えられるものは証券投資信託に該当しない。

[問題13]　×　テ112

公社債投資信託とは、株式を一切組み入れることができない証券投資信託のことである。

[問題14]　×　テ112、134～135

日々決算型ファンドの分配金は、日々でなく、毎月末に自動再投資される。

[問題15]　○　テ113

[問題16]　×　テ113

金や為替などの価格に連動するETFもあり、取引所に上場されている。そのためETFは「株価指数連動型上場投資信託」から「上場投資信託」と呼ばれるようになった。なお、連動対象となる指標が存在しないアクティブ運用型ETFも認められる。

問題

【問題17】 □□□□

ETF（上場投資信託）は、ほかの証券投資信託と同様に、基準価額に基づく価格で購入・換金することができる。

【問題18】 □□□□

ETF（上場投資信託）は、取引所に上場されており、売買注文においては、指値注文、成行注文が可能であるが、信用取引を行うことはできない。

【問題19】 □□□□

オープンエンド型は、解約又は買戻しとこれによる基金の減少が原則として行われないため、基金の資金量が安定しており、運用者はこの点の心配なく運用に専念できる。

【問題20】 □□□□

外国投資信託とは、外国において外国の法令に基づいて設定された信託で、投資信託に類するものをいう。

【問題21】 □□□□

毎月分配型投資信託は、必ず毎月分配金が支払われる。

【問題22】 □□□□

通貨選択型投資信託は、投資対象の価格変動リスクに加え、換算する通貨の為替変動リスクを被ること、為替取引における収益も必ずしも短期金利差に一致するものではないことに注意する必要がある。

【問題23】 □□□□

レバレッジ投資信託で、基準となる指数が上昇すると一定の倍率で連動して上昇するように設計されたものをブル型ファンド、逆に一定の倍率で下落するように設計されたものをベア型ファンドという。

【問題24】 □□□□

投資信託約款の記載事項に、信託の元本の償還及び収益の分配に関する事項が含まれる。

解答

[問題17]　×　　テ113

ETFは、ほかの証券投資信託と異なり、基準価額に基づく価格で購入・換金するのではなく、市場価格で売買される。

[問題18]　×　　テ113

信用取引を行うこともできる。

[問題19]　×　　テ114

オープンエンド型は、解約できるので、基金の減少が絶えず行われる。したがって資金量が安定していない。問題文は、クローズドエンド型の記述である。

[問題20]　○　　テ114

外国投資信託を日本で販売する場合には、金融商品取引法と投信法が適用され、また、日本証券業協会の選別基準を満たす必要があり、日本で設定された投資信託と同じルールの下で販売が行われる。

[問題21]　×　　テ115

毎月分配型投資信託は、毎月決算を行い、毎月分配金を支払おうとする仕組みの投資信託であり、分配金は、ファンドが得た収益を超えて支払われることもあるが、分配金が支払われないこともある。

[問題22]　○　　テ115

なお、通貨選択型の投資信託は、株式や債券などの投資対象資産に加えて、為替取引の対象となる円以外の通貨も選択できるように設計された投資信託である。

[問題23]　○　　テ116

[問題24]　○　　テ117

このほか、投資信託約款の記載事項には、委託者及び受託者の商号又は名称、投資信託約款の変更に関する事項、委託者における公告の方法などがある。

問題

[問題25] □ □ □ □

投資信託約款の記載事項に、委託者における公告の方法がある。

[問題26] □ □ □ □

委託者指図型投資信託において、投資信託財産の設定及び、投資信託財産の運用の指図は投資信託委託会社の主な業務である。

[問題27] □ □ □ □

委託者指図型投資信託において、投資信託財産の名義人となって分別保管し、自己の名で管理するのは、投資信託委託会社の業務である。

[問題28] □ □ □ □

委託者指図型投資信託における受益者は、投資金額に応じて、均等の権利を持っている。

[問題29] □ □ □ □

委託者指図型投資信託において、投資信託の募集の取扱い及び売買は、投資信託委託会社の業務である。

[問題30] □ □ □ □

委託者指図型投資信託において、受益者から買い取ったファンドの投資信託委託会社への解約請求及び受益者からの解約請求の取次ぎは、受託会社の業務である。

[問題31] □ □ □ □

委託者指図型投資信託において、目論見書、運用報告書の顧客への交付のほか、募集・販売に関する必要事項について、投資信託委託会社との相互連絡を行うことは、販売会社の業務である。

[問題32] □ □ □ □

１社の投資信託委託会社が運用している投資信託財産合計で、同一の法人の発行する株式を50%超保有してはならない。

[問題33] □ □ □ □

委託者指図型投資信託における投資信託委託会社の主な業務として、投資信託財産に組み入れた有価証券の議決権等の指図行使が挙げられる。

解答

[問題25]　○　テ117

[問題26]　○　テ118

[問題27]　×　テ119

受託会社の業務である。

[問題28]　×　テ119

委託者指図型投資信託における受益者は、受益権の口数に応じて、均等の権利を持っている。

[問題29]　×　テ120

販売会社の業務である。

[問題30]　×　テ120

販売会社の業務である。

[問題31]　○　テ120

なお、目論見書、運用報告書の作成は投資信託委託会社が行う。

[問題32]　○　テ123

[問題33]　○　テ123

受託会社が投資信託財産に組み入れられている有価証券の名義人となっているため、議決権については、受益者に代わって委託会社が受託会社に対してその行使を指図する。

問題

[問題34] □□□□

金融商品取引業者及び登録金融機関は、投資家に投資信託を販売するときは、販売後遅滞なく、当該投資家に投資信託説明書（交付目論見書）を交付しなければならない。

[問題35] □□□□

あらかじめ投資家の同意を得た上で目論見書の内容を電子メールで提供した場合でも、当該目論見書を交付したものとはみなされない。

[問題36] □□□□

投資信託の販売に際し、金融商品取引業者が、顧客に対して当該投資信託が有するリスク等の重要事項についての説明義務を怠り、そのために当該顧客が損害を被った場合には、当該金融商品取引業者等が損害賠償責任を負う。

[問題37] □□□□

金融商品取引業者等は、顧客に勧誘を行う投資信託の販売手数料の料率について説明する必要はあるが、手数料の金額までは説明する必要はない。

[問題38] □□□□

金融商品取引業者等は、投資信託の分配金に関して、分配金の一部又はすべてが元本の一部払戻しに相当する場合があることを、顧客（特定投資家を除く）に分かり易く説明しなければならない。

[問題39] □□□□

NISA制度には、年間投資枠の制限があるので、短期間に金融商品の買換え（乗換え）を行う投資手法ではNISAを十分利用できない場合がある。

[問題40] □□□□

NISA口座を利用した投資信託の販売に当たっては、追加型株式投資信託の分配金のうち元本払戻金（特別分配金）は、NISAの制度上の非課税のメリットを享受できない旨を顧客に説明する必要がある。

[問題41] □□□□

協会員である投資信託の販売会社は、顧客に対し投資信託に係るトータルリターン（損益）を年に１回以上通知しなければならない。

解答

[問題34]　×　テ124

金融商品取引業者及び登録金融機関は、投資家に投資信託を販売するときは、あらかじめ又は同時に、当該投資家に投資信託説明書（交付目論見書）を交付しなければならない。

[問題35]　×　テ124

当該目論見書を交付したものとみなされる。

[問題36]　○　テ56～57、125

なお、金融サービスの提供及び利用環境の整備等に関する法律（金融サービス提供法）は、金融商品の販売業者が金融商品のもっているリスクなどの重要事項について顧客に説明する義務を定めており、投資信託の販売についても金融サービス提供法が適用される。

[問題37]　×　テ125

勧誘を行う投資信託の販売手数料の料率だけでなく、購入代金に応じた販売手数料の金額についても説明しなければならない。

[問題38]　○　テ125

また、勧誘を行う投資信託の販売手数料の料率だけでなく、購入代金に応じた販売手数料の金額についても説明しなければならない。

[問題39]　○　テ126

[問題40]　○　テ126

元本払戻金（特別分配金）は、そもそも非課税であるため、NISAの非課税のメリットを享受できない。

[問題41]　○　テ126

問題

[問題42] □□□□

金融商品取引業者等は、ファンドの換金を行うのに併せて他のファンドへの取得の申込勧誘（乗換え勧誘）をする場合には、解約する投資信託等の概算損益について説明する必要はない。

[問題43] □□□□

元本が保証されている預金等を取り扱っている金融機関は、顧客に対して、書面の交付その他の適切な方法によって、投資信託と預金等との誤認を防止するための説明を行わなければならない。

[問題44] □□□□

投資信託委託会社が、投資信託について広告又はこれに類似する行為をする場合に表示しなければならない事項に、「重要な事項について顧客の利益となる事実」が含まれる。

[問題45] □□□□

委託者指図型投資信託の募集（販売）手数料は、販売会社が定めるため、同じファンドでも販売会社により異なることがある。

[問題46] □□□□

ブラインド方式は、申込時点において、基準価額が明らかになっていない方式のことをいい、この方式によって、フリーランチを防止し、金融商品市場の公平性を保つことになる。

[問題47] □□□□

基準価額とは、投資信託に組み入れられている株式や債券などを、原則として時価で評価し資産総額を求め、資産総額から負債総額を差し引いて、受益権口数で除した値をいう。

[問題48] □□□□

投資信託を保有している投資家（受益者）が、信託期間の途中で換金する方法には、解約、買取りの２種類がある。

[問題49] □□□□

投資信託には、投資信託約款によりあらかじめ解約請求することができない期間を定める場合があり、この期間を無分配期間という。

解答

[問題42]　×　テ126

解約する投資信託等の概算損益等について説明する必要がある。

[問題43]　○　テ127

なお、投資信託は預金ではないこと、預金保険、投資者保護基金の支払いの対象にならないこと、元本の返済が保証されていないことなどを説明しなければならない。

[問題44]　×　テ128

顧客の利益となる事実ではなく、顧客の不利益となる事実である。

[問題45]　○　テ106、129、131

[問題46]　○　テ131

[問題47]　○　テ132

基準価額は原則、日々計算される。

[問題48]　○　テ133

[問題49]　×　テ133

投資信託には、投資信託約款によりあらかじめ解約請求することができない期間を定める場合があり、この期間をクローズド期間という。

問題

[問題50] □□□□

単位型投資信託は、信託期間の終了とともに償還となり、追加型投資信託でも一定の信託期間を設けているものが多い。いずれも、期限が到来すれば、例外なく償還が行われる。

[問題51] □□□□

投資信託委託会社は、投資信託契約を解約し、ファンドを償還させる場合は、あらかじめその旨を内閣総理大臣（金融庁長官）に届け出なければならない。

[問題52] □□□□

MRFの決算は毎日行われ、分配金は毎日再投資される。

[問題53] □□□□

MRFの換金代金の支払日は、請求日の４営業日目となっている。

[問題54] □□□□

長期公社債投信（追加型）については、最大500万円までのキャッシング（即日引出）が認められている。

[問題55] □□□□

追加型株式投資信託において、元本払戻金（特別分配金）の支払いを受けた投資家については、分配金発生日（決算日）において、個別元本から元本払戻金（特別分配金）を控除した額が、当該受益者のその後の個別元本とされる。

[問題56] □□□□

追加型株式投資信託の分配金について、普通分配金は各受益者の個別元本の払戻しとみて非課税に、元本払戻金（特別分配金）については課税の対象となる。

[問題57] □□□□

個人投資家の場合、株式投資信託を解約、買取にかかわらず、換金した場合の換金差益又は株式投資信託の償還を受けた場合の償還差益については、譲渡所得の対象となる。

[問題58] □□□□

公社債投資信託の分配金は、配当所得として全額が20.315％の源泉分離課税の対象となる。

解答

[問題50]　×　テ134

追加型投資信託でも一定の信託期間を設けているものが多く、期限が到来すれば、単位型と同じく償還が行われるが、投資信託委託会社の判断により、信託期間の更新（償還延長）の選択も可能である。

[問題51]　○　テ118、134

[問題52]　×　テ135

MRFの決算は毎日行われ、分配金は毎月末に自動的に再投資される。

[問題53]　×　テ135

MRF（証券総合口座）の換金代金は、午前中に解約を受付け、投資家が希望した場合のみ当日から、それ以外は翌営業日に支払われる。

[問題54]　×　テ135

長期公社債投信（追加型）には、キャッシングが認められていない。キャッシングが認められているのは、MRF等の日々決算型ファンドである。

[問題55]　○　テ136

[問題56]　×　テ136

追加型株式投資信託の分配金について、普通分配金は課税の対象となり、元本払戻金（特別分配金）は各受益者の個別元本の払戻しとみて非課税となる。

[問題57]　○　テ139

なお、税率は、20.315%（所得税15%、復興特別所得税0.315%及び住民税５%）で、申告分離課税の対象となる。

[問題58]　×　テ139

公社債投資信託の分配金は、利子所得として全額が20.315%（所得税15%、復興特別所得税0.315%及び住民税５%）の申告分離課税の対象となる。

問題

[問題59] □□□□

NISAの非課税口座で買い付けた株式投資信託は、受け取る分配金や換金時の譲渡益は非課税となる。

[問題60] □□□□

NISAのつみたて投資枠の対象商品は、長期の積立・分散投資に適した公募・上場株式投資信託に限られる。

[問題61] □□□□

投資信託委託会社は、投資信託を取得しようとする者に対して、投資信託約款の内容を記載した書面を交付しなければならないが、投資信託説明書（目論見書）に投資信託約款の内容が記載されている場合は、当該書面を交付しなくてよい。

[問題62] □□□□

投資信託委託会社は、1年に1回、運用報告書を作成し、受益者に交付しなければならない。

[問題63] □□□□

交付運用報告書は、運用報告書のきわめて重要な事項を記載した書面で、投資信託委託会社は、販売会社を通じて受益者に交付しなければならない。

[問題64] □□□□

運用報告書（全体版）は、約款に定めることにより、電磁的方法で提供した場合は、交付したものとみなされる。

[問題65] □□□□

投資法人は、資産運用以外の行為を営業としてすることはできない。

[問題66] □□□□

投資法人は、その商号中に投資法人という文字を用いなければならない。

[問題67] □□□□

投資法人は、運用業務、資産保管業務、投資主総会・役員会の運営、計算等の業務について、外部委託することは禁じられている。

解答

[問題59]　○　テ140

なお、年間投資枠は、成長投資枠240万円、つみたて投資枠120万円、非課税保有限度額1,800万円（うち成長投資枠1,200万円）である。

[問題60]　○　テ140

なお、上場株式やJ-REITは対象外である。

[問題61]　○　テ142

[問題62]　×　テ142

投資信託委託会社は、各投資信託財産の決算期末ごとに遅滞なく運用報告書を作成し、受益者に交付しなければならない。

[問題63]　○　テ142

[問題64]　○　テ142

なお、受益者から請求があった場合は交付しなければならない。

[問題65]　○　テ144

[問題66]　○　テ144

[問題67]　×　テ144、147～148

投資法人は、運用業務、資産保管業務、投資主総会・役員会の運営、計算等の業務について、すべて外部委託しなければならない。

問題

[問題68] □□□□

設立企画人は、主として投資の対象とする特定資産と同種の資産を運用の対象等とする投資運用業の登録を受けた金融商品取引業者又は信託会社等でなければならない。

[問題69] □□□□

設立企画人の少なくとも１名には、設立しようとする投資法人が主として投資の対象とする特定資産と同種の資産の運用事務経験があることなどが資格要件として定められている。

[問題70] □□□□

投資法人の規約には、投資主の請求により投資口の払戻しをする旨又はしない旨、資産運用の対象及び方針、金銭の分配の方針などの記載事項が定められている。

[問題71] □□□□

投資法人が常時保持する最低限度の純資産額は、１億円以上とされている。

[問題72] □□□□

投資法人の成立時の出資総額は、設立の際に発行する投資口の払込金額の総額であり、１億円以上とされている。

[問題73] □□□□

投資法人は、設立については届出制を採用しているが、業務については登録制を採用している。

[問題74] □□□□

投資法人の合併、解散は、投資主総会の特別決議事項である。

[問題75] □□□□

投資法人の執行役員は投資主総会で選任されるが、その数は、１人又は２人以上とされている。

[問題76] □□□□

ある投資法人の監督役員となっている者は、当該投資法人の執行役員を兼任することができない。

解答

[問題68]　○　テ145

[問題69]　○　テ145

[問題70]　○　テ145

[問題71]　×　テ145

最低限度の純資産額は、5,000万円以上とされている。

[問題72]　○　テ145

[問題73]　○　テ145

[問題74]　○　テ146

[問題75]　○　テ146

なお、監督役員の数は、執行役員の数に1を加えた数以上でなければならない。

[問題76]　○　テ146

問題

[問題77] □□□□

資産運用会社は、投資運用業を行う金融商品取引業者でなければならないが、投資対象に不動産が含まれる場合は、宅地建物取引業法上の免許・認可が必要となる。

[問題78] □□□□

一般投資家が上場不動産投資法人を売買する場合には、上場株式と同様、証券会社を通じて、金融商品取引所で行うが、売買注文については、指値注文、成行注文が可能である。

[問題79] □□□□

上場投資法人の売買手数料は、販売会社が独自に定めることができる。

選択問題

[問題80] □□□□

次の文章について、正しいものはどれか。正しい記述に該当するものをイ～ハから選んでいる選択肢の番号を１つマークしなさい。

イ．契約型投資信託とは、受益者（投資家）と委託者（投資信託委託会社）が締結した投資信託契約に基づき委託者が信託財産の運用を行う投資信託である。
ロ．会社型投資信託とは、資産運用を目的とする法人を設立し、その発行する証券を投資家が取得する形態の投資信託である。
ハ．契約型の場合は、信託財産そのものには法人格はないが、会社型の場合には、法人格をもった投資法人の資産運用という形態をとっている。

1．正しいのはイ及びロであり、ハは正しくない。
2．正しいのはイ及びハであり、ロは正しくない。
3．正しいのはロ及びハであり、イは正しくない。
4．イ、ロ及びハすべて正しい。

解答

[問題77]　○　テ147

[問題78]　○　テ147

また、信用取引も可能である。

[問題79]　○　テ147

[問題80]　**3**　テ109

イ．×　契約型投資信託とは、委託者（投資信託委託会社）と受託者（信託銀行等）との間で締結した投資信託契約に基づき信託財産という形態で基金が設立され、当該信託の受益権を受益者（投資家）が取得する。

ロ．○

ハ．○

問題

[問題81] □□□□

次の「委託者指図型投資信託の機構」に関する図のイ～ハに当てはまるものとして正しいものはどれか。正しい番号を1つマークしなさい。

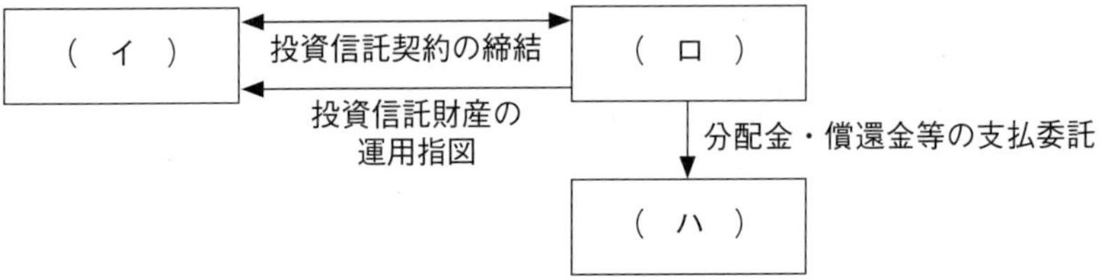

1．イ：受託会社　　ロ：登録金融機関等　　ハ：投資信託委託会社
2．イ：受託会社　　ロ：投資信託委託会社　ハ：登録金融機関等
3．イ：登録金融機関等　ロ：投資信託委託会社　ハ：受託会社
4．イ：登録金融機関等　ロ：受託会社　　ハ：投資信託委託会社

[問題82] □□□□

次の文章のうち、「追加型公社債投資信託」に関する記述として正しいものはどれか。正しい記述に該当するものをイ～ハから選んでいる選択肢の番号を1つマークしなさい。

イ．公社債投資信託には、決算日の基準価額でしか購入（追加設定）できないという特徴がある。
ロ．MRF（マネー・リザーブ・ファンド）は、日々決算が行われ、収益分配金は毎日再投資される。
ハ．公社債投資信託の投資対象は、国債、地方債、社債に限られている。

1．正しいのはイのみであり、ロ及びハは正しくない。
2．正しいのはロのみであり、イ及びハは正しくない。
3．正しいのはハのみであり、イ及びロは正しくない。
4．イ、ロ及びハすべて正しくない。

解答

[問題81]　2　テ110

◎投資信託契約は、投資信託委託会社と受託会社との間で締結される。
◎投資信託財産の運用指図は、投資信託委託会社が受託会社に対して行う。
◎分配金・償還金等の支払い委託は、投資信託委託会社が販売会社である登録金融機関等に対して行う。

以上より、選択肢2が正しい。

[問題82]　1　テ112、134〜135

イ．○
ロ．×　決算は毎日行われるが、収益分配金は毎月末に再投資される。
ハ．×　公社債投資信託の投資対象には、国債、地方債、社債だけではなく、コマーシャル・ペーパー（CP）、外国法人が発行する譲渡性預金証書（海外CD）、国債先物取引などもある。

問題

[問題83] □□□□

次の文章のうち、「ETF（上場投資信託）」に関する記述として正しいものはどれか。正しい記述に該当するものをイ～ハから選んでいる選択肢の番号を1つマークしなさい。

イ．ETFは、取引所に上場されている投資信託である。

ロ．ETFの譲渡損益、分配金に対する税制上の取扱いは、基本的に上場株式と同じで、分配金については、普通分配金と元本払戻金（特別分配金）の区別はない。

ハ．ETFの売買注文は、指値注文は可能だが、成行注文はできない。

1．正しいのはイ及びロであり、ハは正しくない。
2．正しいのはイ及びハであり、ロは正しくない。
3．正しいのはロ及びハであり、イは正しくない。
4．イ、ロ及びハすべて正しい。

[問題84] □□□□

次の文章のうち、正しいものはどれか。正しい記述に該当するものをイ～ハから選んでいる選択肢の番号を1つマークしなさい。

イ．外国投資信託とは、外国において外国の法令に基づいて設定された信託で、投資信託に類するものをいう。

ロ．クローズドエンド型は、オープンエンド型に比べると基金の資金量が安定しているので、運用者はこの点の心配なく運用に専念できる。

ハ．ETFの取引単位は一律ではなく、ファンドごとに設定されている。

1．正しいのはイ及びロであり、ハは正しくない。
2．正しいのはイ及びハであり、ロは正しくない。
3．正しいのはロ及びハであり、イは正しくない。
4．イ、ロ及びハすべて正しい。

解答

[問題83]　1　　テ113

イ．○

ロ．○

ハ．×　ETFの売買注文は、指値注文だけでなく、成行注文も可能である。また、信用取引も可能である。

[問題84]　4　　テ113～114

イ．○　なお、外国投資信託を日本で販売する場合は、金商法及び投信法が適用され、日本証券業協会の選別基準を満たす必要がある。

ロ．○

ハ．○

問題

[問題85] □□□□

次の文章のうち、「証券投資信託の運用手法」に関する記述として正しいものはどれか。正しい記述に該当するものをイ～ハから選んでいる選択肢の番号を1つマークしなさい。

イ．インデックス運用とは、東証株価指数などのベンチマークを上回る運用成果を目指す運用手法である。

ロ．ボトムアップ・アプローチとは、ベンチマークを上回る収益の源泉をマクロ経済に対する調査・分析結果に求め、ポートフォリオを組成していく手法である。

ハ．バリュー株運用とは、企業の成長性を重視してポートフォリオを組成する運用手法である。

1．正しいのはイのみであり、ロ及びハは正しくない。
2．正しいのはロのみであり、イ及びハは正しくない。
3．正しいのはハのみであり、イ及びロは正しくない。
4．イ、ロ及びハすべて正しくない。

[問題86] □□□□

ある個人が、以下の追加型株式投資信託の分配金を受け取る場合の元本払戻金（特別分配金）はいくらか。正しいものの番号を1つマークしなさい。

分配落前の基準価額	：9,800円
個別元本	：9,500円
分配金	：　700円

1．　0円
2．300円
3．400円
4．700円

解答

[問題85]　4　テ121～122

イ．×　インデックス運用とは、パッシブ運用ともいい、ベンチマークにできるだけ近い運用成果を目指す運用手法である。問題文は、アクティブ運用の記述である。

ロ．×　ボトムアップ・アプローチとは、個別企業に対する調査・分析結果の積み重ねでポートフォリオを組成するものである。問題文は、トップダウン・アプローチの記述である。

ハ．×　バリュー株運用は、割安と判断される銘柄を中心にポートフォリオを組成する。問題文は、グロース株運用の記述である。

[問題86]　3　テ136～137

分配落後の基準価額＝分配落前の基準価額－収益分配金

＝9,800円－700円＝9,100円

「個別元本＞分配落後の基準価額」なので、

「個別元本－分配落後の基準価額」が元本払戻金（特別分配金）となる。

元本払戻金（特別分配金）＝9,500円－9,100円＝400円

問題

[問題87] □□□□

ある個人が、以下の追加型株式投資信託の分配金を受け取る場合の普通分配金はいくらか。正しいものの番号を1つマークしなさい。

分配落前の基準価額：10,500円
個別元本　　　　　：　9,800円
分配金　　　　　　：　1,000円

1．0円　　2．300円　　3．700円　　4．1,000円

[問題88] □□□□

次の文章について、投資信託委託会社が作成する交付運用報告書の記載項目として正しいものはどれか。正しい記述に該当するものをイ～ハから選んでいる選択肢の番号を1つマークしなさい。

イ．投資信託財産の運用方針
ロ．計算期間中における資産の運用の経過
ハ．運用状況の推移

1．正しいのはイ及びロであり、ハは正しくない。
2．正しいのはイ及びハであり、ロは正しくない。
3．正しいのはロ及びハであり、イは正しくない。
4．イ、ロ及びハすべて正しい。

[問題89] □□□□

次の文章について、正しいものはどれか。正しい記述に該当するものをイ～ハから選んでいる選択肢の番号を1つマークしなさい。

イ．投資法人は、設立については届出制を採用しているが、業務については登録制を採用している。
ロ．投資法人の成立時の出資総額は、設立の際に発行する投資口の払込金額の総額であり、その最低額は特に定めがない。
ハ．投資法人の執行役員は投資主総会で選任されるが、最低3名となっている。

1．正しいのはイのみであり、ロ及びハは正しくない。
2．正しいのはロのみであり、イ及びハは正しくない。
3．正しいのはハのみであり、イ及びロは正しくない。
4．イ、ロ及びハすべて正しくない。

解答

[問題87]　3　テ136～137

分配落後の基準価額＝分配落前の基準価額－収益分配金
＝10,500円－1,000円＝9,500円

「個別元本＞分配落後の基準価額」なので、
「個別元本－分配落後の基準価額」が元本払戻金（特別分配金）となる。
元本払戻金（特別分配金）＝9,800円－9,500円＝300円
普通分配金＝1,000円－300円＝700円

[問題88]　4　テ143

イ．○
ロ．○
ハ．○

[問題89]　1　テ145～146

イ．○
ロ．×　1億円以上と定められている。
ハ．×　執行役員の数は、1人又は2人以上とされている。

6 セールス業務

○×問題 以下について、正しければ○を、正しくなければ×をつけなさい。

[問題1] □□□□

外務員は、顧客に商品を薦めた時、顧客のニーズに合っていなくても、自分の薦めた商品の有効性、有益性を強く訴える必要がある。

[問題2] □□□□

外務員が投資家に対して投資アドバイスを行う際は、合理的な根拠に基づいて十分な説明を行う必要があり、また、投資家の誤解を招かないためにも、その説明内容や使用する資料などは正確でなければならない。

[問題3] □□□□

投資家がその投資方針や投資目的に照らして、不適切な投資を行おうとした場合に、再考するように促した。

[問題4] □□□□

投資の最終決定は顧客の判断と責任に基づいて行われるべきこととされているので、顧客がその投資目的や資金量にふさわしくない投資を行おうとする場合でも、外務員はアドバイスする必要はない。

[問題5] □□□□

外務員は、顧客が安全確実を投資目的とする資金運用を基本としているのに対し、価格変動の大きい有価証券の投資勧誘を行うことができる。

[問題6] □□□□

高齢顧客に投資勧誘を行う場合には、適合性の原則に基づいて、より慎重な対応を行わなければならない。

[問題7] □□□□

顧客への情報提供については、虚偽のない情報を提供し、誤解を生じさせないような公正な資料を提供しなければならない。

[問題8] □□□□

新興国通貨建債券は、相対的に金利が高い傾向にあるが、円と外貨を交換する際のスプレッドが大きく、円貨での償還金額等が目減りすることがある。

解答

[問題1]　×　テ152

外務員は、顧客のニーズに合った商品を選定し、顧客の納得のうえで実際に購入してもらう必要がある。

[問題2]　○　テ154

[問題3]　○　テ154

投資者の投資目的・資金量に配慮した投資アドバイスが求められる。

[問題4]　×　テ154

外務員は、顧客がその投資目的や資金量にふさわしくない投資を行おうとする場合には、再考を促すよう適切なアドバイスをする必要がある。

[問題5]　×　テ154

投資方針や投資目的、投資経験や資産など顧客属性の把握に努め、その意向に沿ったアドバイスを行う必要がある。つまり、適合性の原則に則った投資勧誘が必要である。

[問題6]　○　テ155

[問題7]　○　テ155

[問題8]　○　テ157

問題

選択問題

[問題9] □□□□

次の文章のうち、「外務員の仕事と取り組み姿勢」に関する記述として正しいものはどれか。正しい記述に該当するものをイ～ハから選んでいる選択肢の番号を1つマークしなさい。

イ．外務員は、刻々と変化する市場の様々な情報を的確に分析し、そのなかから投資家に対して有用なアドバイスができるように自己研鑽に励む必要がある。

ロ．外務員は、常に最新かつ多くの情報を集め、投資家それぞれのニーズに最適な価値を有する商品・サービスを提供できるようにしておくことが必要である。

ハ．外務員は、顧客のニーズに合った商品を選定し、顧客の納得のうえで実際に購入してもらう。

1．正しいのはイ及びロであり、ハは正しくない。
2．正しいのはイ及びハであり、ロは正しくない。
3．正しいのはロ及びハであり、イは正しくない。
4．イ、ロ及びハすべて正しい。

[問題10] □□□□

次の文章のうち、「外務員の仕事と取り組み姿勢」に関する記述として正しいものはどれか。正しい記述に該当するものをイ～ハから選んでいる選択肢の番号を1つマークしなさい。

イ．外務員が倫理感覚を養うには、第三者の目線を意識することも重要である。

ロ．外務員は、法令等違反についてはすぐには報告せず、大事に至りそうな場合は、上司や法務部等の専門部署に報告する。

ハ．顧客と金融商品取引業者等との間には大きな情報格差があるため、投資の最終決定は外務員が行うべきである。

1．正しいのはイのみであり、ロ及びハは正しくない。
2．正しいのはロのみであり、イ及びハは正しくない。
3．正しいのはハのみであり、イ及びロは正しくない。
4．イ、ロ及びハすべて正しくない。

解答

[問題9]　4　テ152

イ．○
ロ．○
ハ．○

[問題10]　1　テ153

イ．○
ロ．×　外務員は、法令等違反について発覚した場合には、しかるべき部署や機関に速やかに報告を行う。さらに大きな事故に結び付く危険があることを心得なければならない。
ハ．×　顧客と金融商品取引業者等との間には大きな情報格差があるため、それらを是正し、顧客が適切かつ十分な情報を得たうえで、顧客自らの判断に基づいて投資を行うべきであることを理解する。

問題

[問題11] □□□□

次の文章のうち、外務員の「基本的な倫理規範」に関する記述として正しいものはどれか。正しい記述に該当するものをイ～ハから選んでいる選択肢の番号を１つマークしなさい。

イ．投資の最終決定をするのはあくまで投資者自身であり、市況の変動が大きい場合を除いて外務員が決定することがあってはならない。
ロ．外務員は、顧客がその投資目的や資産や収入にふさわしくない投資を行おうとする場合には、考え直すよう適切にアドバイスする必要がある。
ハ．外務員は、投資者に対し、将来における株式の価格の騰落について、断定的にアドバイスしなければならない。

1．正しいのはイのみであり、ロ及びハは正しくない。
2．正しいのはロのみであり、イ及びハは正しくない。
3．正しいのはハのみであり、イ及びロは正しくない。
4．イ、ロ及びハすべて正しくない。

[問題12] □□□□

次の文章のうち、金融庁が公表した「顧客本位の業務運営に関する原則」に関する記述として正しいものはどれか。正しい記述に該当するものをイ～ハから選んでいる選択肢の番号を１つマークしなさい。

イ．「顧客本位の業務運営に関する原則」では、各金融機関の置かれた状況に応じて、形式ではなく実質において顧客本位の業務運営が実現できるよう「プリンシプルベース・アプローチ」が採用されている。
ロ．金融機関等が「顧客本位の業務運営に関する原則」を採択する場合には、顧客本位の業務運営を実現するための明確な方針を策定し、当該方針に基づいて業務運営を行うことが求められている。
ハ．「顧客本位の業務運営に関する原則」では、「重要な情報の分かりやすい提供」が求められている。

1．正しいのはイ及びロであり、ハは正しくない。
2．正しいのはイ及びハであり、ロは正しくない。
3．正しいのはロ及びハであり、イは正しくない。
4．イ、ロ及びハすべて正しい。

解答

[問題11]　2　テ154～155

イ．×　投資の最終決定をするのはあくまで投資者自身であり、たとえ市況の変動が大きい場合でも、外務員が決定することがあってはならない。

ロ．○

ハ．×　外務員は、投資者に対して断定的にアドバイスしてはならない。

[問題12]　4　テ159～160

イ．○

ロ．○

ハ．○

7 債券業務

○×問題 以下について、正しければ○を、正しくなければ×をつけなさい。

[問題1] □□□□

債券は、日常の貸借関係に例えれば、借用証書に相当する。

[問題2] □□□□

債券の投資対象を選ぶ場合は、収益性、安全性、換金性の３つの面から十分検討する必要がある。

[問題3] □□□□

債券は、一般に預貯金に比較して利回りが低く設定されている。

[問題4] □□□□

債券には普通、償還期限があり、それが到来すれば、元本が返済されることが、発行者によって約束されている。

[問題5] □□□□

債券は、発行体にデフォルトが発生した場合、預金保険機構により元利金が保証される。

[問題6] □□□□

債券の途中換金は、時々刻々変動する市場相場によるのが原則である。

[問題7] □□□□

超長期国債は、価格競争入札による公募入札方式のみにより発行される。

[問題8] □□□□

長期国債は、発行・流通市場の双方において、わが国の債券市場の中心的銘柄であり、その発行条件や流通利回りは、他の年限の国債、その他の国内債の指標となっている。

解答

【問題1】 ○ テ164

【問題2】 ○ テ164

【問題3】 × テ164

債券は、一般に預貯金に比べ利回りが高い。

【問題4】 ○ テ164

金融市場環境が変化し、債券相場がいくら変転しようとも、通常は償還期限を待ちさえすれば元本は欠けることなく回収することができる。ただし、発行体が財政難や業績不振に陥った場合には、債券の利払いが遅延したり、元本の償還が不能になることがある（このような状態を「デフォルト」という）。

【問題5】 × テ164

債券は、預金ではないので預金保険の対象ではなく、元利金の返済が不能になることがある。

【問題6】 ○ テ164

債券市場の上昇により元本を上回ること（売却益）もあれば、下落により元本を割り込むこと（売却損）もある。

【問題7】 × テ165

20年債、30年債は価格競争入札による公募入札方式、40年債はイールド（利回り）競争入札による公募入札方式で発行される。

【問題8】 ○ テ165

なお、長期国債とは、10年利付国債のことである。

問題

【問題9】 □□□□

一般に期間２年の国債は、中期国債に分類される。

【問題10】 □□□□

国庫短期証券は、国債の償還の平準化を図り円滑な借換えを実現すること、及び国の一般会計や種々の特別会計の一時的な資金不足を補うために発行される。

【問題11】 □□□□

国庫短期証券は、法人のほか個人も購入することができる、利付債券である。

【問題12】 □□□□

物価連動国債は、元金額が物価の動向に連動して増減する国債である。

【問題13】 □□□□

GX経済移行債は、GX投資を官民協調で実現していくために創設された国債で、カーボンプライシング導入の結果として得られる将来の財源を裏付けとして発行されている。

【問題14】 □□□□

新型窓口販売方式国債（新窓販国債）は、２年、５年、10年満期の固定金利方式で毎月募集され、購入単位は最低５万円から５万円単位である。

【問題15】 □□□□

新型窓口販売方式国債を中途換金するときは、額面価格で国が買い取る。

【問題16】 □□□□

現在、新規発行される個人向け国債変動10年の金利水準は、「基準金利−0.80％」である。

【問題17】 □□□□

個人向け国債の金利の下限は、0.05％に設定されている。

【問題18】 □□□□

国債は、その発行根拠法により分類することができるが、財政法に基づき発行されるものは建設国債、特別会計に関する法律に基づき発行されるものは特例国債と呼ばれる。

解答

[問題9]　○　テ165

なお、期間5年の国債も中期国債に分類される。

[問題10]　○　テ166

なお、国庫短期証券は、償還期限が1年以内（2ヵ月、3ヵ月、6ヵ月、1年）で、割引方式で発行される。

[問題11]　×　テ166

国庫短期証券は、個人も購入することができ、割引方式で発行される。

[問題12]　○　テ166

なお、物価連動国債は、償還時の元本保証（フロア）が設定されているため、償還時の連動係数が1を下回る場合、額面金額で償還される。

[問題13]　○　テ166

なお、GX経済移行債は、脱炭素成長型経済構造移行債のことである。

[問題14]　○　テ166

[問題15]　×　テ166

中途換金は市場で行い、市場価格でいつでも売却が可能である。購入価格や額面価格を上回ることもあれば、下回ることもある。

[問題16]　×　テ167

「基準金利×0.66」の掛け算方式である。

[問題17]　○　テ167

[問題18]　×　テ167

財政法に基づき発行されるものは建設国債であるが、特別会計に関する法律に基づき発行されるのは、借換国債と財政投融資特別会計国債である。また、特例国債（赤字国債）は、単年度立法の特例公債法により発行される。

問題

[問題19] □□□□

地方債とは、都道府県や市町村などの地方公共団体の発行する債券で、国債と合わせて公債ともいう。

[問題20] □□□□

全国型市場公募地方債は、地方債のなかで知名度が高く、保有者も広範であるため、流動性に優れている。

[問題21] □□□□

全国型市場公募地方債を発行できる団体は、一部の都道府県とすべての政令指定都市である。

[問題22] □□□□

政府関係機関債（特別債）のうち、元利払いについて政府の保証付きで発行されるものを、「財投機関債」という。

[問題23] □□□□

国内で発行されるコマーシャル・ペーパー（国内CP）とは、優良企業が無担保で短期の資金調達を行うため、割引方式で発行する有価証券であり、約束手形の性格も有している。

[問題24] □□□□

譲渡性預金証書（CD）とは、金融機関が発行する譲渡可能な預金証書のことで、自由金利商品である。

[問題25] □□□□

額面金額に対する１年当たりの利子の割合を、利回りという。

[問題26] □□□□

発行者利回りとは、利子と償還差益以外に引受手数料、受託手数料、元利払い手数料などの費用が、債券の発行によって調達した手取り資金総額に対してどれだけになっているかという比率のことである。

[問題27] □□□□

利回りと期間が同じ利付債券が数銘柄ある場合、利率の高い銘柄ほど単価は低く、利率の低い銘柄ほど単価は高い。

解答

【問題19】 ○ テ168

【問題20】 ○ テ168

【問題21】 ○ テ168

なお、銀行等引受地方債は、都道府県、政令指定都市だけではなく、市や区も発行できる。

【問題22】 × テ168

政府関係機関債（特別債）のうち、元利払いについて政府の保証付きで発行されるのは、政府保証債である。

【問題23】 ○ テ169

【問題24】 ○ テ169

なお、国内で発行されるCD（国内CD）は、金融商品取引法上の有価証券ではない。

【問題25】 × テ171

額面金額に対する１年当たりの利子の割合を、利率（クーポン）という。なお、利回りとは、投資元本に対する１年当たりの収益の割合をいう。

【問題26】 ○ テ171

なお、発行者利回りは、債券発行による資金調達コストを表している。

【問題27】 × テ171

利回りと期間が同じ利付債券が数銘柄ある場合、利率の高い銘柄ほど単価も高く、利率の低い銘柄ほど単価も低い。

問題

[問題28] □□□□

アンダーパーで購入した債券を償還まで保有していた場合、最終利回りは表面利率より低くなる。

[問題29] □□□□

債券は、発行時に償還期限が確定すると発行体の倒産等特段の事由がない限り、期間途中に償還されることはない。

[問題30] □□□□

アンダーパーで購入した債券において、償還時に発生する差益のことを償還差益、オーバーパーで購入して償還時に発生する差損のことを償還差損という。

[問題31] □□□□

社債管理者は、社債権者のために弁済を受ける等の業務を行うのに必要な一切の権限を有する会社であり、銀行、信託銀行等が社債管理者になることができる。

[問題32] □□□□

国債市場特別参加者とは、国債管理政策の策定及び遂行に協力する者であって、財務大臣が指定する国債市場に関する特別な責任及び資格を有する者である。

[問題33] □□□□

債券の取引には、取引所取引と店頭取引があるが、取引所取引による売買が大半を占める。

[問題34] □□□□

債券ブローカーとは、主として金融商品取引業者（証券会社）やディーリング業務を行う登録金融機関であり、流通市場における中心的な担い手である。

[問題35] □□□□

債券の店頭取引にあたっては、合理的な方法で算出された時価（社内時価）を基準として、適正な価格により取引を行い、その取引の公正性を確保しなければならない。

解答

[問題28]　×　テ171

アンダーパーで購入した債券を償還まで保有すると、償還差益（キャピタルゲイン）が発生する。最終利回りは、その償還差益を期間按分し利子（インカムゲイン）に加算することとなるので、表面利率を上回ることとなる。

[問題29]　×　テ172

最終償還のほかに、期中償還がある。また、期中償還には定時償還、抽選償還及び任意償還がある。

[問題30]　○　テ172

[問題31]　○　テ173

なお、担保付社債は、受託会社の設置が強制されるが、社債管理者が受託会社を兼務するのが一般的である。

[問題32]　○　テ174

なお、国債市場特別参加者制度をプライマリーディーラー制度と呼ぶ。

[問題33]　×　テ175

債券の取引は、店頭取引が中心で、全売買量の99%以上を占める。

[問題34]　×　テ175

債券ブローカーとは、債券ディーラー間の売買だけを専門に取り扱う金融商品取引業者（証券会社）のことである。問題文は、債券ディーラーについての記述である。

[問題35]　○　テ175

問題

[問題36] □□□□

売買参考統計値は、公社債の店頭売買を行う投資者及び金融商品取引業者（証券会社等）の参考に資するため、日本証券業協会が指定する協会員の報告に基づき、毎営業日発表されている。

[問題37] □□□□

一般に円安は、国内債券相場にとってマイナス要因である。

[問題38] □□□□

一般に景気が上昇過程に入ると、債券価格は上昇する。

[問題39] □□□□

債券相場にとってデフレ（物価下落）はマイナス要因で、インフレ（物価上昇）はプラス要因である。

[問題40] □□□□

一般に日本銀行が、いわゆる買いオペを実施すると、金利が上昇し、債券価格は下落する。

[問題41] □□□□

公共債の窓販業務とは、新たに発行される国債等の公共債を金融機関の窓口で、不特定多数の投資者に対して募集の取扱いを行うこと又は販売することである。

[問題42] □□□□

はね返り玉の買取りとは、自社で窓口販売した公共債を償還期限前に購入者から買い取ることである。

[問題43] □□□□

登録金融機関は、顧客からはね返り玉の買取りの申し出があった場合は、顧客が購入した価格で買い取らなければならない。

解答

［問題36］　○　テ98、176

なお、売買参考統計値とは、指定報告協会員から報告を受けた気配の「平均値」、「中央値」、「最高値」、「最低値」の４つの値をいう。

［問題37］　○　テ177

円安になれば、物価の上昇懸念から日銀の金融引き締め策につながる可能性があり、利回り上昇、債券相場の下落につながるので、国内債券相場にとってマイナス要因である。

［問題38］　×　テ177

景気が上昇過程に入ると、コール、手形市場、CD（譲渡性預金）市場などの短期金利は上昇する。その結果、一般に債券の利回りは上昇し、債券価格は下落する。

［問題39］　×　テ177

債券相場にとって、インフレ（物価上昇）はマイナス（下落）要因で、デフレ（物価下落）はプラス（上昇）要因である。

［問題40］　×　テ178

買いオペとは、資金供給のため日本銀行が国債や手形を買い入れたり、国債を借り入れて担保金を差し入れる金融緩和策である。この金融緩和により、金利は低下し、債券価格は上昇する。

［問題41］　○　テ179

［問題42］　○　テ180

［問題43］　×　テ180

買取価格は、登録金融機関の社内時価を基準とした適正な価格でなければならない。そのため債券市場の動向によっては、売却価格が購入時の価格を下回ることもある。

問題

[問題44] □□□□

個人向け国債は、はね返り玉の買取りの対象となる。

[問題45] □□□□

債券の入替売買とは、同一の投資者がある銘柄を売るとともに別の銘柄を買うというように、同時に売り買いを約定する売買手法である。

[問題46] □□□□

ダンベル型（バーベル型）ポートフォリオは、短期から長期までの債券を各年度ごとに均等に保有し、毎期、同じ満期構成を維持するポートフォリオをいう。

[問題47] □□□□

債券の現先取引は、売買に際し同種、同量の債券等を、所定期日に、所定の価額で反対売買することを、あらかじめ取り決めて行う債券等の売買をいう。

[問題48] □□□□

現先取引の対象顧客は、上場会社又はこれに準ずる法人、及び経済的、社会的に信用のある個人に限定される。

[問題49] □□□□

現先取引の対象となる債券は、国債、地方債、外貨建債のほか、新株予約権付社債も含まれる。

[問題50] □□□□

投資者が最終償還日まで新規発行債券を保有したときの年利と1年当たりの償還差損益の合計に対する投資元本の割合を、最終利回りという。

[問題51] □□□□

最終利回りは、$\dfrac{\text{利率}+\dfrac{\text{売却価格}-\text{購入価格}}{\text{所有期間（年）}}}{\text{購入価格}}\times 100$（%）で求められる。

解答

【問題44】 ×　テ180

個人向け国債は、国が額面で買い取るため、はね返り玉の買取りの対象とならない。

【問題45】 ○　テ182

【問題46】 ×　テ182

ダンベル型（バーベル型）ポートフォリオは、流動性確保のために短期債と、収益性追求のための長期債のみを保有するポートフォリオをいう。問題文は、ラダー型ポートフォリオについての記述である。

【問題47】 ○　テ182

【問題48】 ×　テ183

現先取引の対象顧客は、上場会社又はこれに準ずる法人であって、経済的、社会的に信用のあるものに限る。個人は対象外である。

【問題49】 ×　テ183

国債、地方債、外貨建債は含まれるが、新株予約権付社債は対象外である。

【問題50】 ×　テ185

最終利回りとは、既発行の債券を購入した後、最終償還日まで所有することを前提とした場合の利回りをいう。問題文は、応募者利回りの記述である。

【問題51】 ×　テ185～186

最終利回りは、$\dfrac{\text{利率}+\dfrac{\text{償還価格}-\text{購入価格}}{\text{残存期間（年）}}}{\text{購入価格}}\times 100$（%）で求められる。

問題文は、所有期間利回りの公式である。

問題

【問題52】 □□□□

直接利回りは、債券の投資元本に対する年間の利子収入の割合を表わす収益率の指標である。

【問題53】 □□□□

既発の利付債を売買する場合には、直前利払日の翌日から受渡日までの経過日数に応じて、売方から買方に経過利子が支払われる。

【問題54】 □□□□

直近利払日が９月30日の利付債券を、10月２日に売却し10月９日に受渡しを行った場合の経過日数は９日である。

【問題55】 □□□□

居住者が国内で支払いを受ける特定公社債等の利子は、税率20.315%（所得税15%、復興特別所得税0.315%及び住民税５%）の源泉分離課税の対象である。

【問題56】 □□□□

特定公社債等の利子による所得は、確定申告不要制度を選択できない。

【問題57】 □□□□

特定公社債等は、特定口座に預け入れることができる。

【問題58】 □□□□

利付公社債（新株予約権付社債等は除く）の譲渡（売却）による所得は、非課税とされる。

【問題59】 □□□□

利付債券の償還差益は、雑所得として総合課税の対象となる。

【問題60】 □□□□

特定公社債の償還差損は、ないものとされる。

解答

[問題52]　○　テ188

なお、直接利回りは次の式で求められる。

$$直接利回り=\frac{利率}{購入価格}\times 100\ (\%)$$

[問題53]　×　テ190～191

既発つまり既に発行されている利付債を売買する場合には、直前利払日の翌日から受渡日までの期間に応じて、買方から売方に経過利子（経過利息ともいう）が支払われる。

[問題54]　○　テ190～191

なお、直前の利払日（９月30日）の翌日（10月１日）から受渡日（10月９日）までの経過日数は９日である。

[問題55]　×　テ193

特定公社債等の利子は、源泉分離課税の対象ではなく、申告分離課税の対象である。

[問題56]　×　テ193

特定公社債等の利子による所得は源泉徴収されることにより、確定申告不要制度を選択できる。

[問題57]　○　テ193

[問題58]　×　テ193

利付公社債（新株予約権付社債等は除く）の譲渡による所得は、20.315%（所得税15%、復興特別所得税0.315%、住民税５%）の税率による申告分離課税の譲渡所得となる。

[問題59]　×　テ193

譲渡所得として申告分離課税の対象となる。なお、税率は、20.315%（所得税15%、復興特別所得税0.315%、住民税５%）である。

[問題60]　×　テ193

上場株式等の譲渡損失とされ、特定公社債の利子所得及び、上場株式等のグループの譲渡所得、申告分離課税を選択した配当所得と損益通算できる。

問題

選択問題

[問題61] □□□□

次の文章のうち、「国債」に関する記述として正しいものはどれか。正しい記述に該当するものをイ～ハから選んでいる選択肢の番号を１つマークしなさい。

イ．長期国債（10年利付国債）の発行条件や流通利回りは、他の年限の国債、その他の国内債を指標にして決定されている。

ロ．個人向け国債の中途換金については、変動金利型10年は発行から２年、固定金利型５年は発行から１年を経過すれば、いつでも可能である。

ハ．特例国債は、税収及び税外収入等に加え、建設国債を発行してもなお歳入不足が見込まれる場合に、公共事業費等以外の歳出に充てる資金を調達することを目的として、単年度立法による特例公債法に基づいて発行される国債であり、赤字国債ともいわれる。

1．正しいのはイのみであり、ロ及びハは正しくない。
2．正しいのはロのみであり、イ及びハは正しくない。
3．正しいのはハのみであり、イ及びロは正しくない。
4．イ、ロ及びハすべて正しくない。

[問題62] □□□□

次の文章のうち、「個人向け国債」に関する記述として正しいものはどれか。正しい記述に該当するものをイ～ハから選んでいる選択肢の番号を１つマークしなさい。

イ．個人向け国債「固定５年」は、原則として発行後２年間は換金することができない。

ロ．個人向け国債「変動10年」は、購入者を個人に限定する国債で、期間10年、購入単位を１万円とし、利率については半年ごとに見直される変動金利である。

ハ．個人向け国債の「固定３年」は毎月発行であるが、「変動10年」及び「固定５年」は年４回の発行である。

1．正しいのはイのみであり、ロ及びハは正しくない。
2．正しいのはロのみであり、イ及びハは正しくない。
3．正しいのはハのみであり、イ及びロは正しくない。
4．イ、ロ及びハすべて正しくない。

解答

[問題61]　3　テ165、167

イ．×　長期国債（10年利付国債）は、発行・流通市場の双方において、わが国の債券市場の中心的銘柄であり、長期国債の発行条件や流通利回りは、他の年限の国債、その他の国内債の指標となっている。

ロ．×　個人向け国債の中途換金については、いずれも発行から１年経過後であればいつでも可能である。

ハ．○

[問題62]　2　テ167

イ．×　個人向け国債の中途換金は、いずれも１年経過後からである。

ロ．○

ハ．×　個人向け国債は、いずれも毎月発行される。

問題

[問題63] □□□□

次の文章のうち、正しいものはどれか。正しい記述に該当するものをイ～ハから選んでいる選択肢の番号を１つマークしなさい。

イ．日本証券業協会は、公社債の店頭売買を行う投資者及び金融商品取引業者等の参考に資するため、日本証券業協会が指定する協会員からの報告に基づき、毎週、売買参考統計値を発表している。
ロ．売買参考統計値とは、指定報告協会員から報告を受けた気配の「平均値」、「中央値」、「最高値」、「最低値」の４つの値をいう。
ハ．はね返り玉の買取の対象となるのは、自社で窓口販売した公共債であり、買取価格は、購入時の価格となる。

1．正しいのはイのみであり、ロ及びハは正しくない。
2．正しいのはロのみであり、イ及びハは正しくない。
3．正しいのはハのみであり、イ及びロは正しくない。
4．イ、ロ及びハすべて正しくない。

[問題64] □□□□

次の文章のうち、正しいものはどれか。正しい記述に該当するものをイ～ハから選んでいる選択肢の番号を１つマークしなさい。

イ．現先取引とは、将来の一定の時期に一定の条件で債券を受渡しすることをあらかじめ取り決めて行う売買取引で、約定日から１ヵ月以上先に受渡しをする場合をいう。
ロ．現先取引の対象顧客は、上場法人又は、経済的、社会的に信用のある個人に限られている。
ハ．現先取引ができる債券には、地方債、社債（新株予約権付社債を除く）が含まれる。

1．正しいのはイのみであり、ロ及びハは正しくない。
2．正しいのはロのみであり、イ及びハは正しくない。
3．正しいのはハのみであり、イ及びロは正しくない。
4．イ、ロ及びハすべて正しくない。

解答

[問題63]　2　テ98、176、180

イ. ×　売買参考統計値は、毎営業日発表される。

ロ. ○

ハ. ×　買取価格は、登録金融機関の「社内時価」を基準とした適正な価格でなければならない。

[問題64]　3　テ182～183

イ. ×　現先取引とは、売買に際し同種、同量の債券等を、所定期日に、所定の価格で反対売買することをあらかじめ取り決めて行う取引である。問題文は、着地取引についての記述である。

ロ. ×　現先取引の対象顧客に、個人は含まれない。

ハ. ○

問題

[問題65] □□□□

利率年2.4%、残存期間３年の利付国債を102.10円で購入した場合の最終利回りとして正しいものはどれか。正しいものの番号を１つマークしなさい。

（注） 答えは、小数第４位以下を切り捨ててある。

1．1.469%
2．1.665%
3．2.350%
4．3.036%

[問題66] □□□□

次の計算式は、債券の応募者利回りを算出する算式である。算式の（　）に当てはまる語句の組合せとして正しいものはどれか。正しいものの番号を１つマークしなさい。

$$\text{応募者利回り} = \frac{\text{利率} + \dfrac{(\text{イ}) - (\text{ロ})}{(\text{ハ})}}{(\text{ニ})} \times 100\ (\%)$$

1．イは発行価格、ロは償還価格、ハは発行価格、ニは償還期限
2．イは償還価格、ロは発行価格、ハは償還期限、ニは償還価格
3．イは発行価格、ロは償還価格、ハは償還期限、ニは償還価格
4．イは償還価格、ロは発行価格、ハは償還期限、ニは発行価格

[問題67] □□□□

利率年1.3%、償還期間10年、発行価格100.50円で発行される利付債券の応募者利回りとして正しいものはどれか。正しいものの番号を１つマークしなさい。

（注） 答えは、小数第４位以下を切り捨ててある。

1．1.243%
2．1.293%
3．1.306%
4．1.343%

解答

[問題65]　2

テ186

$$\text{最終利回り}=\frac{\text{利率}+\dfrac{\text{償還価格}-\text{購入価格}}{\text{残存期間（年）}}}{\text{購入価格}}\times 100\ (\%)$$

$$=\frac{2.4+\dfrac{100-102.10}{3}}{102.10}\times 100\fallingdotseq \underline{1.665\%}$$

[問題66]　4

テ186

$$\text{応募者利回り}=\frac{\text{利率}+\dfrac{\text{イ．償還価格}-\text{ロ．発行価格}}{\text{ハ．償還期限}}}{\text{ニ．発行価格}}\times 100\ (\%)$$

[問題67]　1

テ186～187

$$\text{応募者利回り}=\frac{\text{利率}+\dfrac{\text{償還価格}-\text{発行価格}}{\text{償還期限（年）}}}{\text{発行価格}}\times 100\ (\%)$$

$$=\frac{1.3+\dfrac{100-100.50}{10}}{100.50}\times 100\fallingdotseq \underline{1.243\%}$$

問題

[問題68] □□□□

利率年1.5%、残存期間４年の利付国債を102円で購入し２年後に103円で売却したときの所有期間利回りとして、正しいものはどれか。正しいものの番号を１つマークしなさい。

（注）答えは、小数第４位以下を切り捨ててある。

1. 0.980%
2. 1.500%
3. 1.715%
4. 1.960%

[問題69] □□□□

利率年0.2%、償還期限10年、発行価格101.00円の利付国債を、２年経過後に102.00円で購入するときの直接利回りとして、正しいものはどれか。正しいものの番号を１つマークしなさい。

（注）答えは、小数第４位以下を切り捨ててある。

1. −0.049%
2. 0.099%
3. 0.196%
4. 0.693%

[問題70] □□□□

残存期間４年、年利率1.5%の国債を、最終利回り1.0%になるように購入しようとするときの購入価格として正しいものはどれか。正しいものの番号を１つマークしなさい。

（注）答えは、小数第４位以下を切り捨ててある。

1. 98.113円
2. 100.000円
3. 100.495円
4. 101.923円

解答

[問題68]　4　テ187

$$\text{所有期間利回り}=\frac{\text{利率}+\dfrac{\text{売却価格}-\text{購入価格}}{\text{所有期間（年）}}}{\text{購入価格}}\times 100\ (\%)$$

$$=\frac{1.5+\dfrac{103-102}{2}}{102}\times 100 \fallingdotseq \underline{1.960\%}$$

[問題69]　3　テ188

$$\text{直接利回り}=\frac{\text{利率}}{\text{購入価格}}\times 100\ (\%) =\frac{0.2}{102}\times 100=\underline{0.196\%}$$

[問題70]　4　テ188～189

$$\text{購入価格}=\frac{\text{償還価格}+\text{利率}\times\text{残存期間}}{1+\dfrac{\text{利回り}}{100}\times\text{残存期間}}=\frac{100+1.5\times 4}{1+\dfrac{1.0}{100}\times 4}\fallingdotseq\underline{101.923\text{円}}$$

又は、

$$\frac{100+\text{利率}\times\text{残存期間}}{100+\text{利回り}\times\text{残存期間}}\times 100=\frac{100+1.5\times 4}{100+1.0\times 4}\times 100\fallingdotseq\underline{101.923\text{円}}$$

問題

[問題71] □□□□

年利率1.5%、額面100万円の上場国債を取引所取引で売却した場合で、経過日数が146日であるときの経過利子として正しいものはどれか。正しいものの番号を１つマークしなさい。

1．経過利子の額は4,781円であり、売却代金から経過利子が差し引かれる。
2．経過利子の額は4,781円であり、売却代金の他に経過利子も受け取れる。
3．経過利子の額は6,000円であり、売却代金から経過利子が差し引かれる。
4．経過利子の額は6,000円であり、売却代金の他に経過利子も受け取れる。

[問題72] □□□□

額面100万円の長期利付国債を、取引所取引により単価101円で購入したときの受渡代金として正しいものはどれか。正しいものの番号を１つマークしなさい。

（注）経過利子は3,600円、委託手数料は額面100万円当たり4,000円（消費税相当額は考慮しないこと）で計算すること。

1．1,009,280円
2．1,010,600円
3．1,017,600円
4．1,017,920円

[問題73] □□□□

額面100万円の長期利付国債を、取引所取引により単価103円で売却したときの受渡代金として正しいものはどれか。正しいものの番号を１つマークしなさい。

（注）経過利子は4,800円、委託手数料は額面100万円当たり4,000円（消費税相当額は考慮しないこと）で計算すること。

1．1,021,000円
2．1,021,200円
3．1,030,800円
4．1,038,800円

解答

[問題71]　4

テ190～191

$$経過利子＝額面（100円）当たり利子\times\frac{経過日数}{365}\times\frac{売買額面総額}{100}$$

$$=1.5\times\frac{146}{365}\times\frac{1,000,000}{100}=6,000円$$

売却代金の他に、6,000円の経過利子を受け取れる。

[問題72]　3

テ192

債券購入時の受渡代金：約定代金＋手数料＋経過利子を支払う

$$約定代金=1,000,000円\times\frac{101円}{100円}=1,010,000円$$

受渡代金＝約定代金＋手数料＋経過利子

＝1,010,000円＋4,000円＋3,600円＝1,017,600円

[問題73]　3

テ192

債券売却時の受渡代金：約定代金－手数料＋経過利子を受け取る

$$約定代金=1,000,000円\times\frac{103円}{100円}=1,030,000円$$

受渡代金＝約定代金－手数料＋経過利子

＝1,030,000円－4,000円＋4,800円＝1,030,800円

8 CP等短期有価証券業務

○×問題 以下について、正しければ○を、正しくなければ×をつけなさい。

[問題1] □□□□

CPとは、コマーシャル・ペーパーのことで、優良企業が機関投資家等から無担保で短期の資金調達を行うために、割引方式で発行される有価証券である。

[問題2] □□□□

国内CPは、企業が機関投資家等から有担保で中長期の資金調達を行うための手段である。

[問題3] □□□□

CPは、約束手形の性格も有している。

[問題4] □□□□

金融機関は、CPの発行主体となることができる。

[問題5] □□□□

協会員は、顧客に対し国内CP及び短期社債の売付けの申込の勧誘を行うに当たっては、「発行体等に関する説明書」等を当該顧客の求めに応じて交付する等の方法により、発行者情報及び証券情報の説明に努めるものとされている。

[問題6] □□□□

国内CP及び短期社債のディーリング業務を行う登録金融機関は、当該業務に係る有価証券等について投資目的の売買業務等と一体として行ってはならない。

[問題7] □□□□

協会員は、国内CP及び短期社債の売買を取り扱う部門と融資部門との間でいわゆる機微情報の流出入の遮断等に十全を期すこととなっている。

[問題8] □□□□

国内CP及び短期社債の売買等を担当する職員は、融資業務及び国内CP及び短期社債に係る投資目的の売買業務等を兼任できる。

解答

[問題1]　○　テ169、198

[問題2]　×　テ169、198

国内CPは、無担保で短期の資金調達を行うための手段である。

[問題3]　○　テ169、198

[問題4]　○　テ198

[問題5]　○　テ198

[問題6]　○　テ199

また、これらの部門間での顧客の紹介を行ってはならない。

[問題7]　○　テ199

[問題8]　×　テ199

国内CP及び短期社債の売買等を担当する職員は、融資業務及び国内CPに係る投資目的の売買業務等を兼任してはならない。

問題

[問題9] □□□□

海外CDは、金融商品取引法上の有価証券である。

[問題10] □□□□

協会員は、国内CP、海外CPの区分なく売買その他の取引の勧誘等を行うときは、「国内CP等及び私募社債の売買取引等に係る勧誘等に関する規則」によるものとされている。

[問題11] □□□□

協会員が、海外CP等の取引を行う場合、「保護預り約款」により取引を行うものとされている。

[問題12] □□□□

協会員が、顧客から海外CP等の取引の注文を受けるためには、「保護預り規程」を交付し、当該顧客から約款に基づく保護預り口座の設定申込書の提出を受けたうえで、契約を締結する必要がある。

[問題13] □□□□

協会員は、顧客から保管の委託を受けた海外CP及び海外CDについて、当該海外CP及び海外CDの発行者から交付された通知書及び資料等（法令等により顧客への提供、公表義務が付されているものを除く）を、当該協会員に到達した日から３年間保管し、当該顧客の閲覧に供しなければならない。

解答

【問題9】 ○ 〔テ〕169、200

なお、国内CD（譲渡性預金）は、金融商品取引法上の有価証券ではない。

【問題10】 × 〔テ〕198、200

国内CPについては正しいが、海外CPの売買その他の取引の勧誘等を行うときは、「外国証券の取引に関する規則」によるものとされている。

【問題11】 × 〔テ〕200

海外CP等の取引を行うに当たっては、日本証券業協会の「外国証券の取引に関する規則」によるものとされている。

【問題12】 × 〔テ〕200

「外国証券取引口座に関する約款」を交付し、当該顧客から約款に基づく取引口座の設定に係る申込みを受けなければならない。

【問題13】 × 〔テ〕200

資料の保管期間は、１年間である。

9 その他の金融商品取引業務

○×問題 以下について、正しければ○を、正しくなければ×をつけなさい。

【問題1】 □□□□

「資産の流動化に関する法律」に規定する特定社債券、優先出資証券、特定約束手形などは、金融商品取引法上の有価証券に含まれる。

【問題2】 □□□□

SPC法により、特定目的会社（SPC）は、資産の保有者より譲渡された特定資産から得られる収益を償還の裏付けとして、証券を発行し、資金調達を行うことができる。

【問題3】 □□□□

登録金融機関は、特定目的会社（SPC）発行証券の引受け及び募集の取扱い等を行うことができる。

【問題4】 □□□□

CARDsとは、外国貸付債権信託受益証券の一種で、海外の金融機関の貸付債権を信託した資産金融型商品である。

【問題5】 □□□□

協会員は、CARDsの取引を行うに当たっては、「外国証券の取引に関する規則」によるものとされている。

【問題6】 □□□□

協会員は、顧客からCARDsの取引の注文を受ける場合には、「外国証券取引口座に関する約款」を顧客に交付し、当該顧客から約款に基づく取引口座の設定に係る申込みを受けなければならない。

【問題7】 □□□□

協会員は、顧客から保管の委託を受けたCARDsについて、発行者から交付された通知書及び資料等を、当該協会員に到着した日から１年間保管し、当該顧客の閲覧に供しなければならない。

解答

【問題１】 ○ 📖204

SPCにより発行される金融商品取引法上の有価証券であり、資産担保型証券（ABS）の一種である。

【問題２】 ○ 📖204

【問題３】 ○ 📖204

【問題４】 ○ 📖205

【問題５】 ○ 📖205

【問題６】 ○ 📖205

【問題７】 × 📖205

保管期間は、３年間である。

問題

[問題8] □□□□

私募とは、新たに発行される有価証券の取得の申込みの勧誘であって、適格機関投資家や多数の投資家を対象とするために有価証券の募集に該当しないものをいう。

[問題9] □□□□

「適格機関投資家私募」とは、適格機関投資家向けの勧誘であって、適格機関投資家以外の者に譲渡されるおそれが少ない場合をいう。

[問題10] □□□□

少人数私募とは、少人数（第一項有価証券については50名未満）を対象として新たに発行される有価証券の申込みの勧誘が行われる場合で、その有価証券が、50名以上の者に譲渡されるおそれが少ない場合をいう。

[問題11] □□□□

協会員は、顧客に対し勧誘を行わずに、私募社債の売付け又は媒介を行う場合に、当該注文が当該顧客の意向に基づくものである場合は、特段の管理を行う必要はない。

[問題12] □□□□

協会員は、顧客に対し勧誘を行わずに私募社債の売付け又は売付けの媒介(委託の媒介を含む）を行う場合には、当該注文が当該顧客の意向に基づくものである旨の記録を作成のうえ、整理、保存する等適切な管理を行わなければならない。

[問題13] □□□□

銀行、協同組織金融機関その他政令で定める金融機関が、有価証券関連デリバティブ取引を含めた有価証券関連業務を行うことは原則禁止されているが、当該金融機関が他の法律の定めるところにより投資の目的をもって行う等の場合は可能である。

[問題14] □□□□

銀行、協同組織金融機関その他政令で定める金融機関が、書面取次ぎ行為を行うことは一切禁止されている。

解答

[問題8]　×　　テ19、206

私募とは、新たに発行される有価証券の取得の申込みの勧誘であって、適格機関投資家、特定投資家や少人数の投資家を対象とするために有価証券の募集に該当しないものをいう。

[問題9]　○　　テ206

なお、適格機関投資家私募をプロ私募ともいう。

[問題10]　○　　テ206

[問題11]　×　　テ207

当該注文がその顧客の意向に基づくものである旨の記録を作成のうえ、整理、保存する等の適切な管理を行う必要がある。

[問題12]　○　　テ207

[問題13]　○　　テ208

[問題14]　×　　テ208

銀行、協同組織金融機関その他政令で定める金融機関は、内閣総理大臣（金融庁長官）の登録を受けることにより、書面取次ぎ行為を行うことができる。

◆MEMO

模擬想定問題　1

本試験と同一レベル・同一配分で作成した模擬想定問題を掲載しています。学習の総括として、ぜひチャレンジしてください。

【試験の形式について】

・実際の試験は、ＰＣによる入力方式となります（電卓はＰＣの電卓を用います）。
・問題数は計26問（○×方式12問、四肢選択方式14問）です。
・配点は○×方式各５点、四肢選択方式各10点です。
・解答時間は１時間10分です。
・合否は200点満点のうち７割（140点以上）の得点で合格となります。

模擬想定問題　1　解答用紙

【この解答用紙の使い方】
- この解答用紙は、コピーしたり、本書から切り取るなどしてご利用ください。
- また、本書から切り取る際は、ハサミやカッターなどで手を傷つけないよう十分にご注意ください。
- 解答と解説は、問題の後部に掲載しています。

問	1 ○	2 ×	3	4	問	1 ○	2 ×	3	4
1	▯	▯			14	▯	▯	▯	▯
2	▯	▯			15	▯	▯	▯	▯
3	▯	▯	▯	▯	16	▯	▯		
4	▯	▯	▯	▯	17	▯	▯		
5	▯	▯			18	▯	▯	▯	▯
6	▯	▯			19	▯	▯	▯	▯
7	▯	▯	▯	▯	20	▯	▯	▯	▯
8	▯	▯			21	▯	▯	▯	▯
9	▯	▯	▯	▯	22	▯	▯		
10	▯	▯	▯	▯	23	▯	▯		
11	▯	▯	▯	▯	24	▯	▯		
12	▯	▯			25	▯	▯		
13	▯	▯	▯	▯	26	▯	▯	▯	▯

【配点：○×方式各５点、四肢選択方式各10点】　計　　　点（　　月　　日解答）

（キリトリ線）

模擬想定問題 1

【金融商品取引法】

次の文章について、正しい場合は◯へ、正しくない場合は×の方へマークしなさい。

問1．金融商品取引法上の規制対象となる広告類似行為に、ビラ・パンフレットの配布、ファクシミリ等があるが、電子メールも規制の対象に含まれる。

問2．金融商品取引業者等は、有価証券の売買等について、顧客に損失が生ずることとなった場合にこれを補塡する行為を行ってはならないが、損失を補塡する旨をあらかじめ約束する行為は禁止行為に当たらない。

【金融商品取引法】

問3．次の文章について、正しいものはどれか。正しい記述に該当するものをイ～ハから選んでいる選択肢の番号を１つマークしなさい。

イ．金融商品取引法が規制対象としている有価証券の範囲には、株券や債券、約束手形は含まれるが、小切手は含まれない。

ロ．他の金融商品取引業者等に登録されている者や、監督上の処分により外務員登録を取り消されて５年を経過していない者は外務員登録ができない。

ハ．適合性の原則とは、「顧客の知識、経験、財産の状況及び金融商品取引契約を締結する目的に照らして不適当と認められる勧誘を行って投資者の保護に欠けることのないように業務を行わなければならない」ことをいう。

1．正しいのはイ及びロであり、ハは正しくない。
2．正しいのはイ及びハであり、ロは正しくない。
3．正しいのはロ及びハであり、イは正しくない。
4．イ、ロ及びハすべて正しい。

【金融商品取引法】

問4． 次の文章について、正しいものはどれか。正しい記述に該当するものをイ～ハから選んでいる選択肢の番号を1つマークしなさい。

イ．仮装取引とは、取引状況に関し、他人に誤解を生じさせる目的をもって、自己が行う売付け又は買付けと同時期に、同じ価格で、他人が当該有価証券の買付け又は売付けを行うことをあらかじめその者と通謀して、当該売付け又は買付けを行うことをいう。
ロ．金融商品仲介業を行うことができるのは法人に限定されず、個人も行うことができる。
ハ．内部者取引における会社関係者の範囲に、会社関係者でなくなってから1年以内の者は含まれない。

1．正しいのはイのみであり、ロ及びハは正しくない。
2．正しいのはロのみであり、イ及びハは正しくない。
3．正しいのはハのみであり、イ及びロは正しくない。
4．イ、ロ及びハすべて正しくない。

【金融商品の勧誘・販売に関係する法律】

次の文章について、正しい場合は○へ、正しくない場合は×の方へマークしなさい。

問5． 消費者契約法において、事業者自らが直接販売せず、媒介により委託を受けた者が勧誘した場合は、消費者契約法は適用されない。

問6． 個人情報の保護に関する法律において、法人の代表者個人や取引担当者個人を識別することができる情報は、個人情報に該当する。

【金融商品の勧誘・販売に関係する法律】

問7．次の文章について、正しいものはどれか。正しい記述に該当するものをイ～ハから選んでいる選択肢の番号を１つマークしなさい。

イ．消費者契約法における取消権は、原則として追認することができる時から１年間行使しないとき、又は消費者契約の締結時から５年を経過したときに消滅する。

ロ．個人情報の保護に関する法律において、あらかじめ本人の同意を得ないで個人データを第三者に提供してはならないこととなっており、個人情報取扱事業者から個人データを委託され、当該個人データを受け取った者は、第三者に該当する。

ハ．犯罪による収益の移転防止に関する法律において、なりすましの疑いがある取引については、既に取引時確認をしたことのある顧客との取引であっても、本人特定事項について、当初行った確認とは異なる方法による本人確認が必要となる。

1．正しいのはイ及びロであり、ハは正しくない。
2．正しいのはイ及びハであり、ロは正しくない。
3．正しいのはロ及びハであり、イは正しくない。
4．イ、ロ及びハすべて正しい。

【協会定款・諸規則】

次の文章について、正しい場合は○へ、正しくない場合は×の方へマークしなさい。

問8．協会員は、当該協会員にとって新たな有価証券等の販売を行うに当たっては、当該有価証券等に適合する顧客が想定できないものは、当該有価証券等の特性やリスクについて顧客が理解できるように十分説明して、販売しなければならない。

【協会定款・諸規則】

問9． 次の文章のうち、「協会員の投資勧誘、顧客管理等に関する規則」に関する記述として正しいものはどれか。正しい記述に該当するものをイ～ハから選んでいる選択肢の番号を１つマークしなさい。

イ．特別会員は、投資信託を取り扱う場合には、「投資信託は元本の返済が保証されていないこと」を説明しなければならない。
ロ．特別会員は、投資信託を取り扱う場合には、「投資信託は預金等ではないこと」を説明しなければならない。
ハ．特別会員は、投資信託を取り扱う場合には、「投資信託は預金保険法に規定する保険金の支払いの対象とはならないこと」を説明しなければならない。

1．正しいのはイ及びロであり、ハは正しくない。
2．正しいのはイ及びハであり、ロは正しくない。
3．正しいのはロ及びハであり、イは正しくない。
4．イ、ロ及びハすべて正しい。

【協会定款・諸規則】

問10. 次の文章のうち、「有価証券の寄託の受入れ等に関する規則」に関する記述として正しいものはどれか。正しい記述に該当するものをイ～ハから選んでいる選択肢の番号を１つマークしなさい。

イ．特別会員は、顧客から単純な寄託契約又は混合寄託契約により有価証券の寄託を受ける場合には、当該顧客と登録金融機関業務に関する業務内容方法書に定める保護預り規程に基づく有価証券の寄託に関する契約（保護預り契約）を締結しなければならない。

ロ．特別会員は、顧客から累積投資契約に基づく有価証券の寄託を受ける場合には、当該顧客と保護預り契約を締結しなければならない。

ハ．特別会員は、照合通知書による報告を行う時点で、登録金融機関業務に係る金銭及び有価証券等の残高がない顧客で、直前に行った報告以後１年に満たない期間においてその残高があった顧客に対しては、照合通知書により現在その残高がない旨の報告を行わなければならない。

1．正しいのはイ及びロであり、ハは正しくない。
2．正しいのはイ及びハであり、ロは正しくない。
3．正しいのはロ及びハであり、イは正しくない。
4．イ、ロ及びハすべて正しい。

【協会定款・諸規則】

問11. 次の文章について、正しいものはどれか。正しい記述に該当するものをイ～ハから選んでいる選択肢の番号を１つマークしなさい。

イ．協会員は、その役員又は従業員に外務員の職務を行わせる場合は、その者の氏名、生年月日その他の事項につき、本社に備える外務員登録原簿に登録を受けなければならない。

ロ．協会員は、広告等の表示又は景品類の提供を行うときは、広告審査担当者を任命し、禁止行為に違反する事実がないかどうかを審査させなければならない。

ハ．協会員は、広告等の表示を行うとき、当該協会員の判断・評価等が入る場合は、その根拠を明示する必要がある。

1．正しいのはイ及びロであり、ハは正しくない。
2．正しいのはイ及びハであり、ロは正しくない。
3．正しいのはロ及びハであり、イは正しくない。
4．イ、ロ及びハすべて正しい。

【債券業務】

次の文章について、正しい場合は○へ、正しくない場合は×の方へマークしなさい。

問12. 長期国債は、発行・流通市場の双方において、わが国の債券市場の中心的銘柄であり、その発行条件や流通利回りは、他の年限の国債、その他の国内債の指標となっている。

【債券業務】

問13. 次の文章のうち、「公共債の種類」に関する記述として正しいものはどれか。正しい記述に該当するものをイ～ハから選んでいる選択肢の番号を１つマークしなさい。

イ．国の行う公共建設事業の資金を賄うための建設国債は、財政法に基づき発行される。

ロ．全国型市場公募地方債を発行できるのは、一部の政令指定都市とすべての都道府県である。

ハ．政府保証債とは、元利払いにつき政府の保証が付いて発行される債券である。

1．正しいのはイ及びロであり、ハは正しくない。
2．正しいのはイ及びハであり、ロは正しくない。
3．正しいのはロ及びハであり、イは正しくない。
4．イ、ロ及びハすべて正しい。

【債券業務】

問14. 次の文章のうち、正しいものはどれか。正しい記述に該当するものをイ～ハから選んでいる選択肢の番号を１つマークしなさい。

イ．登録金融機関は、顧客からはね返り玉の買取りの申し出があった場合は、顧客が購入した価格で買い取らなければならない。

ロ．個人向け国債は、はね返り玉の買取りの対象債券である。

ハ．はね返り玉の買取りの対象となるのは、自社で窓口販売した公共債である。

1．正しいのはイのみであり、ロ及びハは正しくない。
2．正しいのはロのみであり、イ及びハは正しくない。
3．正しいのはハのみであり、イ及びロは正しくない。
4．イ、ロ及びハすべて正しくない。

【債券業務】

問15. 利率年0.2%、償還期限10年、発行価格101.00円の利付国債を、２年経過後に102.00円で購入するときの直接利回りとして、正しいものはどれか。正しいものの番号を１つマークしなさい。

（注） 答えは、小数第４位以下を切り捨ててある。

１．－0.049%　　２．0.099%　　３．0.196%　　４．0.693%

【投資信託及び投資法人に関する業務】

次の文章について、正しい場合は○へ、正しくない場合は×の方へマークしなさい。

問16. 投資信託及び投資法人に関する法律施行令に定める投資信託の主たる投資対象を特定資産といい、特定資産にはデリバティブ取引に係る権利や不動産が含まれる。

問17. 証券投資信託は、有価証券及び有価証券関連デリバティブ取引に係る権利に、原則として投資信託財産の総額の２分の１を超える額を投資しなければならない。

【投資信託及び投資法人に関する業務】

問18. 証券投資信託の運用手法に関する記述のうち正しいものはどれか。次の文中の（イ）～（ニ）にそれぞれ当てはまる語句を下の語群（ａ～ｆ）から正しく選んでいるものの番号を１つマークしなさい。

アクティブ運用には、大別して、マクロ経済に対する調査・分析結果でポートフォリオを組成していく（ イ ）と個別企業に対する調査・分析結果の積み重ねでポートフォリオを組成していく（ ロ ）がある。さらに、（ ロ ）によるアクティブ運用には、企業の成長性を重視する（ ハ ）や株式の価値と株価水準を比較し、割安と判断される銘柄を中心にする（ ニ ）などがある。

語群：ａ．パッシブ運用　　ｂ．インデックス運用
ｃ．トップダウン・アプローチ　　ｄ．ボトムアップ・アプローチ
ｅ．グロース株運用　　ｆ．バリュー株運用

１．イ＝ｃ、ロ＝ｄ、ハ＝ａ、ニ＝ｂ
２．イ＝ｃ、ロ＝ｄ、ハ＝ｅ、ニ＝ｆ
３．イ＝ｃ、ロ＝ｄ、ハ＝ｆ、ニ＝ｅ
４．イ＝ｄ、ロ＝ｃ、ハ＝ａ、ニ＝ｂ

【投資信託及び投資法人に関する業務】

問19. 次の文章について、正しいものはどれか。正しい記述に該当するものをイ～ハから選んでいる選択肢の番号を１つマークしなさい。

イ．追加型株式投資信託における個別元本とは、投資家ごとの平均取得基準価額のことで、その投資家がそのファンドを取得する都度、取得口数により加重平均され、分配が行われる都度、調整される。

ロ．追加型株式投資信託における分配落後の基準価額が、その投資家の個別元本と同額又は上回る場合には、分配金の全額を普通分配とする。

ハ．追加型株式投資信託における分配落後の基準価額が、その投資家の個別元本を下回る場合には、下回る部分に相当する分配金額を元本払戻金（特別分配金）、残余の収益分配金を普通分配金とする。

１．正しいのはイ及びロであり、ハは正しくない。
２．正しいのはイ及びハであり、ロは正しくない。
３．正しいのはロ及びハであり、イは正しくない。
４．イ、ロ及びハすべて正しい。

【投資信託及び投資法人に関する業務】

問20. 次の文章について、正しいものはどれか。正しい記述に該当するものをイ～ハから選んでいる選択肢の番号を１つマークしなさい。

イ．投資信託においては、販売会社、運用会社（委託者）、信託銀行（受託者）が、万が一破綻しても、財産は保全される仕組みとなっている。

ロ．投資信託は、分配金が支払われると、その金額相当分、基準価額は下落する。

ハ．投資信託の分配金は、期中に発生した運用収益を超えて支払われることはない。

１．正しいのはイ及びロはであり、ハは正しくない。
２．正しいのはイ及びハであり、ロは正しくない。
３．正しいのはロ及びハであり、イは正しくない。
４．イ、ロ及びハすべて正しい。

【投資信託及び投資法人に関する業務】

問21. 次の文章について、正しいものはどれか。正しい記述に該当するものをイ～ハから選んでいる選択肢の番号を１つマークしなさい。

イ．投資法人は、その商号中に投資信託又は投信という文字を用いなければならない。
ロ．投資法人を設立しようとする場合には、設立企画人が基本となる事項を定めた規約の作成などの設立業務を行う。
ハ．投資法人の執行役員の人数は制限がなく、したがって１名でもよい。

1．正しいのはイのみであり、ロ及びハは正しくない。
2．正しいのはロのみであり、イ及びハは正しくない。
3．正しいのはハのみであり、イ及びロは正しくない。
4．イ、ロ及びハすべて正しくない。

【CP等短期有価証券業務】

次の文章について、正しい場合は○へ、正しくない場合は×の方へマークしなさい。

問22. 国内CP及び短期社債の売買等を担当する職員は、融資業務及び国内CP及び短期社債に係る投資目的の売買業務等を兼任できる。

【その他の金融商品取引業務】

次の文章について、正しい場合は○へ、正しくない場合は×の方へマークしなさい。

問23. 登録金融機関は、特定目的会社（SPC）発行証券の引受け及び募集の取扱い等を行うことはできない。

【証券市場の基礎知識】

次の文章について、正しい場合は○へ、正しくない場合は×の方へマークしなさい。

問24. サステナブルファイナンスのうち、教育（Education)、社会（Social)、ガバナンス（Governance）の３つの要素を投資決定に組み込むことをESG投資という。

問25. 投資者保護基金の補償限度額は、顧客１人当たり1,000万円とされている。

【セールス業務】

問26. 次の文章のうち、外務員の「基本的な倫理規範」に関する記述として正しいものはどれか。正しい記述に該当するものをイ～ハから選んでいる選択肢の番号を1つマークしなさい。

イ．投資の最終決定をするのはあくまで投資者自身であり、市況の変動が大きい場合を除いて外務員が決定することがあってはならない。

ロ．外務員は、顧客がその投資目的や資産や収入にふさわしくない投資を行おうとする場合には、考え直すよう適切にアドバイスする必要がある。

ハ．外務員は、投資者に対し、将来における株式の価格の騰落について、断定的にアドバイスしなければならない。

1．正しいのはイのみであり、ロ及びハは正しくない。
2．正しいのはロのみであり、イ及びハは正しくない。
3．正しいのはハのみであり、イ及びロは正しくない。
4．イ、ロ及びハすべて正しくない。

模擬想定問題 1　解答・解説

・参照ページは、2024〜2025特別会員 証券外務員 学習テキストのページとなっています。

科目	解答		解説	学習テキスト参照ページ
金融商品取引法	問1．○			〒23
	問2．×		損失を補塡し、又は利益を追加するため財産上の利益を提供する旨をあらかじめ約束する行為も、禁止行為となる。	〒28
	問3．3	イ×	株券及び債券は含まれるが、約束手形や小切手は含まれない。	〒16
		ロ○		〒21
		ハ○		〒27、71
	問4．2	イ×	仮装取引とは、上場有価証券等について、取引状況に関して、他人に誤解を生じさせる目的をもって、権利の移転、金銭の授受等を目的としない売買取引を行うことをいう。問題文は、馴合取引の記述である。	〒41
		ロ○		〒37
		ハ×	内部者取引における会社関係者の範囲に、会社関係者でなくなってから1年以内の者は含まれる。	〒43
金融商品の勧誘・販売に関係する法律	問5．×		媒介により委託を受けた者が勧誘した場合も、消費者契約法は適用される。	〒59
	問6．○		なお、法人の代表者個人や取引担当者個人を識別することができる情報には、氏名、住所、性別、生年月日、容貌の画像等がある。	〒64
	問7．2	イ○	なお、霊感等を用いた告知に係る取消権については、それぞれ3年間、10年間である。	〒60
		ロ×	個人情報取扱事業者から個人データを委託され、当該個人データを受け取った者は第三者に該当しない。	〒64
		ハ○		〒65
協会定款・諸規則	問8．×		当該有価証券等に適合する顧客が想定できないものは、販売してはならない。これは、合理的根拠適合性による規定である。	〒71
	問9．4	イ○	いずれも「預金等との誤認防止」の記述である。	〒74、127
		ロ○		
		ハ○		
	問10．2	イ○		〒81
		ロ×	累積投資契約に基づいて有価証券の寄託を受ける場合には、保護預り契約を締結する必要はない。	〒82
		ハ○		〒83
	問11．3	イ×	日本証券業協会に備える外務員登録原簿に登録を受けなければならない。	〒94
		ロ○		〒97
		ハ○		〒96

科目	解答		解説	学習テキスト参照ページ
債券業務	問12. ○		なお、長期国債とは、10年利付国債のことである。	テ165
	問13. 2	イ○		テ167
		ロ×	全国型市場公募地方債を発行できるのは、すべての政令指定都市と一部の都道府県である。	テ168
		ハ○		テ168
	問14. 3	イ×	買取価格は、登録金融機関の社内時価を基準とした適正な価格としなければならない。	テ180
		ロ×	個人向け国債は、中途換金のときは国が額面で買い取るため、はね返り玉の買取りの対象とならない。	
		ハ○		
	問15. 3		$直接利回り=\frac{利率}{購入価格}\times 100(\%)$ $=\frac{0.2}{102.00}\times 100$ $=0.196(\%)$	テ188
投資信託及び投資法人に関する業務	問16. ○		なお、特定資産は、その資産の性格により12種類の資産に区分することができるが、不動産の賃借権や地上権、商品なども含まれる。	テ111
	問17. ○			テ111
	問18. 2		なお、正しい文章は次のとおりとなる。 アクティブ運用には、大別して、マクロ経済に対する調査・分析結果でポートフォリオを組成していく（イ　c. トップダウン・アプローチ）と個別企業に対する調査・分析結果の積み重ねでポートフォリオを組成していく（ロ　d. ボトムアップ・アプローチ）がある。 さらに、（ロ　d. ボトムアップ・アプローチ）によるアクティブ運用には、企業の成長性を重視する（ハ　e. グロース株運用）や株式の価値と株価水準を比較し、割安と判断される銘柄を中心にする（ニ　f. バリュー株運用）などがある。	テ122
	問19. 4	イ○		テ136～137
		ロ○		
		ハ○	なお、元本払戻金（特別分配金）は、個別元本の取り崩しとして非課税となる。	

科目	解　答		解　説	学習テキスト参照ページ
投資信託及び投資法人に関する業務	問20.　1	イ○	なお、これは投資信託の場合、資金は窓口となっている証券会社、銀行などの販売会社を通過するだけであり、信託銀行において、投資信託財産と信託銀行自身の財産とが分別管理されているためである。	テ107、110
		ロ○	なお、分配金は、預貯金の利子とは異なり、投資信託の純資産から支払われるので、分配金が支払われると、その金額相当分、基準価額は下落する。	テ107
		ハ×	分配金は、期中に発生した運用収益を超えて支払われる場合がある。その場合、当期決算日の基準価額は前期決算日に比べて下落することとなる。	テ107、132
	問21.　2	イ×	商号中に投資法人という文字を用いなければならない。	テ144
		ロ○		テ145
		ハ×	執行役員の数は、投信法に1人又は2以上と定められており、1人でもよいが、「その数に制限がない」わけではない。なお、監督役員の人数は、執行役員の数に1を加えた数以上である。	テ146
CP等短期有価証券業務	問22.　×		国内CP及び短期社債の売買等を担当する職員は、融資業務及び国内CPに係る投資目的の売買業務等を兼任してはならない。	テ199
その他の金融商品取引業務	問23.　×		登録金融機関は、SPC発行証券の引受け及び募集の取扱い等を行うことができる。	テ204
証券市場の基礎知識	問24.　×		ESG投資のEは、教育（Education）ではなく、環境（Environment）である。	テ8
	問25.　○			テ7
セールス業務	問26.　2	イ×	投資の最終決定をするのはあくまで投資者自身であり、たとえ市況の変動が大きい場合でも、外務員が決定することがあってはならない。	テ154
		ロ○		テ154
		ハ×	外務員は、投資者に対して断定的にアドバイスしてはならない。	テ155

◆MEMO

模擬想定問題　2

本試験と同一レベル・同一配分で作成した模擬想定問題を掲載しています。学習の総括として、ぜひチャレンジしてください。

【試験の形式について】
・実際の試験は、ＰＣによる入力方式となります（電卓はＰＣの電卓を用います）。
・問題数は計26問（○×方式12問、四肢選択方式14問）です。
・配点は○×方式各５点、四肢選択方式各10点です。
・解答時間は１時間10分です。
・合否は200点満点のうち７割(140点以上)の得点で合格となります。

模擬想定問題 2　解答用紙

【この解答用紙の使い方】
・この解答用紙は、コピーしたり、本書から切り取るなどしてご利用ください。
・また、本書から切り取る際は、ハサミやカッターなどで手を傷つけないよう十分にご注意ください。
・解答と解説は、問題の後部に掲載しています。

問	1 ○	2 ×	3	4	問	1 ○	2 ×	3	4
1	□	□			14	□	□	□	□
2	□	□			15	□	□	□	□
3	□	□	□	□	16	□	□		
4	□	□	□	□	17	□	□		
5	□	□			18	□	□	□	□
6	□	□			19	□	□	□	□
7	□	□	□	□	20	□	□	□	□
8	□	□			21	□	□	□	□
9	□	□	□	□	22	□	□		
10	□	□	□	□	23	□	□		
11	□	□	□	□	24	□	□		
12	□	□			25	□	□		
13	□	□	□	□	26	□	□	□	□

【配点：○×方式各５点、四肢選択方式各10点】　計　　　　点（　　月　　日解答）

（キリトリ線）

模擬想定問題 2

【金融商品取引法】

次の文章について、正しい場合は○へ、正しくない場合は×の方へマークしなさい。

問1．金融商品取引業者等は、金融商品取引法に違反する悪質な行為を外務員が行った場合でも、その行為が代理権の範囲外であれば、監督責任は免れる。

問2．断定的判断の提供による勧誘は禁止されているが、「必ず」などの言葉を用いていない場合は、禁止行為に当たらない。

【金融商品取引法】

問3．次の文章について、正しいものはどれか。正しい記述に該当するものをイ～ハから選んでいる選択肢の番号を１つマークしなさい。

イ．有価証券の売買の媒介とは、他人間の取引の成立に尽力することをいう。
ロ．有価証券の売買の取次ぎとは、自己の名をもって委託者の計算で、有価証券を買い入れ又は売却すること等を引き受けることをいう。
ハ．有価証券の売買の代理とは、委託者の計算で、委託者の名で有価証券の売買等を引き受けることをいう。

1．正しいのはイ及びロであり、ハは正しくない。
2．正しいのはイ及びハであり、ロは正しくない。
3．正しいのはロ及びハであり、イは正しくない。
4．イ、ロ及びハすべて正しい。

【金融商品取引法】

問4． 次の文章について、正しいものはどれか。正しい記述に該当するものをイ～ハから選んでいる選択肢の番号を1つマークしなさい。

イ．金融商品取引業者等又はその役員若しくは使用人は、金融商品取引契約につき、顧客若しくはその指定した者に対して、特別の利益の提供を約し、又は顧客若しくは第三者に対し特別の利益を提供してはならない。

ロ．登録金融機関又はその役員若しくは使用人は、金銭の貸付けその他信用の供与の条件として、有価証券の売買の受託行為を行う場合には、取引開始基準を設けなければならない。

ハ．金融商品取引業者等は、顧客から預託を受けた有価証券及び金銭を自己の固有財産と分別して管理しなければならない。

1．正しいのはイ及びロであり、ハは正しくない。
2．正しいのはイ及びハであり、ロは正しくない。
3．正しいのはロ及びハであり、イは正しくない。
4．イ、ロ及びハすべて正しい。

【金融商品の勧誘・販売に関係する法律】

次の文章について、正しい場合は○へ、正しくない場合は×の方へマークしなさい。

問5． 金融サービスの提供及び利用環境の整備等に関する法律において、金融商品販売業者が説明すべき重要事項の説明を行わなかった場合や断定的判断の提供の禁止に違反する行為を行った場合には、損害賠償責任が生じる。

問6． 顧客から受け取った財産が犯罪による収益である場合には、速やかに行政庁に対して疑わしい取引の届出を行わなければならず、また、疑わしい取引の届出を行おうとすること又は行ったことを、当該疑わしい取引の届出に係る顧客やその関係者に通知する必要がある。

【金融商品の勧誘・販売に関係する法律】

問7．次の文章について、正しいものはどれか。正しい記述に該当するものをイ～ハから選んでいる選択肢の番号を１つマークしなさい。

イ．金融サービスの提供及び利用環境の整備等に関する法律において、重要事項の説明義務は、特定投資家には適用されない。
ロ．消費者契約法において、投資信託の販売は、金融商品販売法の対象となる金融商品の販売等に関する契約となるため、消費者と事業者との間で締結される限り、消費者契約に含まれる。
ハ．犯罪による収益の移転防止に関する法律において、取引時確認における本人確認書類のうち、有効期限のない証明書については、提示又は送付を受ける日の前３ヵ月以内に作成されたものに限られる。

1．正しいのはイ及びロであり、ハは正しくない。
2．正しいのはイ及びハであり、ロは正しくない。
3．正しいのはロ及びハであり、イは正しくない。
4．イ、ロ及びハすべて正しい。

【協会定款・諸規則】

次の文章について、正しい場合は○へ、正しくない場合は×の方へマークしなさい。

問8．照合通知書は、顧客の有価証券等に関する取引の種類等の区分に従って、それぞれに定める頻度で顧客に報告しなければならない。

【協会定款・諸規則】

問9．次のうち、「顧客カード」の記載事項に含まれないものを１つマークしなさい。

1．投資目的
2．資産の状況
3．職業
4．家族構成

【協会定款・諸規則】

問10. 次の文章について、正しいものはどれか。正しい記述に該当するものをイ～ハから選んでいる選択肢の番号を１つマークしなさい。

イ．照合通知書の作成は、特別会員の検査、監査又は管理を担当する部門で行うこととされている。

ロ．特別会員は、契約締結時交付書面を交付する場合は、顧客との直接連絡を確保する趣旨から、原則として当該顧客に直接手渡すこととされている。

ハ．照合通知書に記載すべき事項には、立替金及び預り金の直近の残高がある。

1．正しいのはイ及びロであり、ハは正しくない。
2．正しいのはイ及びハであり、ロは正しくない。
3．正しいのはロ及びハであり、イは正しくない。
4．イ、ロ及びハすべて正しい。

【協会定款・諸規則】

問11. 次の文章について、正しいものはどれか。正しい記述に該当するものをイ～ハから選んでいる選択肢の番号を１つマークしなさい。

イ．特別会員一種外務員は、外務員のうち、登録金融機関業務に係る外務員の職務を行うことができる者をいう。

ロ．特別会員二種外務員は、有価証券関連デリバティブ取引等を行うことはできないが、選択権付債券売買取引を行うことができる。

ハ．特別会員二種外務員は、店頭デリバティブ取引に類する複雑な投資信託は扱えないが、レバレッジ投資信託に係る職務は扱うことができる。

1．正しいのはイのみであり、ロ及びハは正しくない。
2．正しいのはロのみであり、イ及びハは正しくない。
3．正しいのはハのみであり、イ及びロは正しくない。
4．イ、ロ及びハすべて正しくない。

【債券業務】

次の文章について、正しい場合は○へ、正しくない場合は×の方へマークしなさい。

問12. 売買参考統計値は、公社債の店頭売買を行う投資者及び金融商品取引業者（証券会社）等の参考に資するため、日本証券業協会が指定する協会員の報告に基づき、毎営業日発表されている。

【債券業務】

問13. 次の文章のうち、正しいものはどれか。正しい記述に該当するものをイ～ハから選んでいる選択肢の番号を１つマークしなさい。

イ．公社債流通市場は、大きく分けて、店頭市場と取引所市場の２つから構成されており、その比重は、取引所市場が圧倒的に大きい。

ロ．債券の入替売買とは、同一の投資者がある銘柄を売るとともに別の銘柄を買うというように、同時に売り買いを約定する売買手法である。

ハ．国債市場特別参加者制度（プライマリーディーラー制度）において、国債市場特別参加者は、内閣総理大臣が指定する。

1．正しいのはイのみであり、ロ及びハは正しくない。
2．正しいのはロのみであり、イ及びハは正しくない。
3．正しいのはハのみであり、イ及びロは正しくない。
4．イ、ロ及びハすべて正しくない。

【債券業務】

問14. 利率年3.2%、残存期間５年の既発10年国債を98.10円で購入して、その３年後に値上がりしたために、102.50円で売却した場合の所有期間利回りとして正しいものはどれか。正しいものの番号を１つマークしなさい。

（注）答えは、小数第４位以下を切り捨ててある。

1．4.757%
2．4.575%
3．4.159%
4．3.907%

【債券業務】

問15. ある個人（居住者）が、利率2.0%、額面100万円の10年満期の利付債券を102.30円で売却した場合で、経過日数が73日であるときの経過利子に関する記述として正しいものはどれか。正しいものの番号を１つマークしなさい。

1．経過利子の額は3,187円であり、売却代金から経過利子が差し引かれる。
2．経過利子の額は3,187円であり、売却代金の他に経過利子も受け取れる。
3．経過利子の額は4,000円であり、売却代金から経過利子が差し引かれる。
4．経過利子の額は4,000円であり、売却代金の他に経過利子も受け取れる。

【投資信託及び投資法人に関する業務】

次の文章について、正しい場合は○へ、正しくない場合は×の方へマークしなさい。

問16. 外国投資信託を日本で販売する場合には、その外国投資信託が設定された国のルールの下で販売が行われる。

問17. ETF（上場投資信託）は、取引所に上場されており、売買注文においては、指値注文、成行注文が可能であるが、信用取引を行うことはできない。

【投資信託及び投資法人に関する業務】

問18. 投資信託に関する記述である。それぞれの（　）に当てはまる語句を、a、bから正しく選んでいるものの番号を１つマークしなさい。

・（イ）型の発行証券は、換金するには市場で売却するしかない。
・（ロ）型の発行証券の買戻しは、純資産価格に基づいて行われる。
・（ハ）型は、（ニ）型に比べて、基金の資金量が安定している。

a．クローズドエンド
b．オープンエンド

1．イ＝a、ロ＝b、ハ＝a、ニ＝b
2．イ＝a、ロ＝b、ハ＝b、ニ＝a
3．イ＝b、ロ＝a、ハ＝a、ニ＝b
4．イ＝b、ロ＝a、ハ＝b、ニ＝a

【投資信託及び投資法人に関する業務】

問19. 次の文章について、正しいものは次のうちどれか。正しい記述に該当するものをイ～ハから選んでいる選択肢の番号を1つマークしなさい。

イ．委託者指図型投資信託において、投資信託財産の設定及び、投資信託財産の運用の指図は投資信託委託会社の主な業務である。
ロ．委託者指図型投資信託において、受益者から買い取ったファンドの投資信託委託会社への解約請求及び受益者からの解約請求の取次ぎは、受託会社の業務である。
ハ．投資信託には、投資信託約款によりあらかじめ解約請求することができない期間を定める場合があり、この期間を無分配期間という。

1．正しいのはイのみであり、ロ及びハは正しくない。
2．正しいのはロのみであり、イ及びハは正しくない。
3．正しいのはハのみであり、イ及びロは正しくない。
4．イ、ロ及びハすべて正しくない。

【投資信託及び投資法人に関する業務】

問20. 次の文章について、投資信託委託会社が作成する交付運用報告者の記載項目として正しいものはどれか。正しい記述に該当するものをイ～ハから選んでいる選択肢の番号を1つマークしなさい。

イ．投資信託財産の運用方針
ロ．計算期間中における資産の運用経過
ハ．運用状況の推移

1．正しいのはイ及びロであり、ハは正しくない。
2．正しいのはイ及びハであり、ロは正しくない。
3．正しいのはロ及びハであり、イは正しくない。
4．イ、ロ及びハすべて正しい。

【投資信託及び投資法人に関する業務】

問21. 次の文章のうち、「投資法人」に関する記述として正しいものはどれか。正しい記述に該当するものをイ～ハから選んでいる選択肢の番号を１つマークしなさい。

イ．投資法人が常時保持する最低限度の純資産額は、１億円以上とされている。
ロ．投資法人は、すべての業務を一般事務受託者に委託しなければならない。
ハ．投資法人は、設立については届出制を採用しているが、業務については登録制を採用している。

１．正しいのはイのみであり、ロ及びハは正しくない。
２．正しいのはロのみであり、イ及びハは正しくない。
３．正しいのはハのみであり、イ及びロは正しくない。
４．イ、ロ及びハすべて正しくない。

【CP等短期有価証券業務】

次の文章について、正しい場合は○へ、正しくない場合は×の方へマークしなさい。

問22. 協会員は、顧客から保管の委託を受けた海外CP及び海外CDについて、発行者から交付された通知書及び資料等を、当該協会員に到達した日から３年間保管し、当該顧客の閲覧に供しなければならない。

【その他の金融商品取引業務】

次の文章について、正しい場合は○へ、正しくない場合は×の方へマークしなさい。

問23. 少人数私募とは、少人数（第一項有価証券については50名未満）を対象として新たに発行される有価証券の申込みの勧誘が行われる場合で、その有価証券が、50名以上の者に譲渡されるおそれが少ない場合をいう。

【証券市場の基礎知識】

次の文章について、正しい場合は○へ、正しくない場合は×の方へマークしなさい。

問24. ESG要素を考慮する手法として、特定の業界や企業、国などを投資対象から除外するネガティブ・スクリーニングがある。

問25. 銀行は、金融商品の仲介を行うことはできない。

【セールス業務】

問26. 次の文章のうち、「外務員の仕事と取り組み姿勢」に関する記述として正しいものはどれか。正しい記述に該当するものをイ～ハから選んでいる選択肢の番号を1つマークしなさい。

イ．外務員が倫理感覚を養うには、第三者の目線を意識することも重要である。
ロ．外務員は、法令等違反についてはすぐには報告せず、大事に至りそうな場合は、上司や法務部等の専門部署に報告する。
ハ．顧客と金融商品取引業者等との間には大きな情報格差があるため、投資の最終決定は外務員が行うべきである。

1．正しいのはイのみであり、ロ及びハは正しくない。
2．正しいのはロのみであり、イ及びハは正しくない。
3．正しいのはハのみであり、イ及びロは正しくない。
4．イ、ロ及びハすべて正しくない。

模擬想定問題 2　解答・解説

・参照ページは、2024～2025特別会員 証券外務員 学習テキストのページとなっています。

科目	解答		解説	学習テキスト参照ページ
金融商品取引法	問1．×		そうした行為が代理権の範囲外であることを理由として、監督責任を免れることはできない。	テ22
	問2．×		「必ず」とか「きっと」といった言葉を使わなくても、断定的判断の提供となり得る場合がある。	テ31
	問3．4	イ○		テ18
		ロ○	なお、自己とは金融商品取引業者や登録金融機関、委託者とは顧客のことである。	
		ハ○		
	問4．2	イ○	なお、社会通念上のサービスと考えられるものは含まれない。	テ32
		ロ×	金銭の貸付けその他信用の供与の条件として、有価証券の売買の受託行為を行うことは原則禁止されている。	テ37
		ハ○	また、金融商品取引業者を廃止した場合等に顧客に返還すべき金銭を顧客分別金として、信託会社等に信託しなければならない。	テ27
金融商品の勧誘・販売に関係する法律	問5．○			テ57
	問6．×		疑わしい取引の届出を行おうとすること又は行ったことを、当該疑わしい取引の届出に係る顧客やその関係者に漏らしてはならない。	テ66
	問7．1	イ○		テ56
		ロ○		テ59
		ハ×	本人確認書類のうち、有効期限のない証明書については、提示又は送付を受ける日の前6ヵ月以内に作成されたものに限られる。	テ66
協会定款・諸規則	問8．○			テ82
	問9．4	1×	投資目的は、記載事項に含まれる。	テ72
		2×	資産の状況は、記載事項に含まれる。	
		3×	職業は、記載事項に含まれる。	
		4○	家族構成は、記載事項に含まれない。	
	問10．2	イ○		テ84
		ロ×	契約締結時交付書面の交付は、原則として、当該顧客の住所、事務所の所在地又は当該顧客が指定した場所に郵送により行うものとされている。	テ85
		ハ○		テ83

科目	解答	解説	学習テキスト参照ページ
協会定款・諸規則	問11.　1	イ○	テ93
		ロ×　特別会員二種外務員は、有価証券関連デリバティブ取引等だけでなく、選択権付債券売買取引を行うこともできない。	
		ハ×　特別会員二種外務員は、店頭デリバティブ取引に類する複雑な投資信託だけでなく、レバレッジ投資信託に係る職務も扱うことはできない。	
債券業務	問12.　○	なお、売買参考統計値とは、指定報告協会員から報告を受けた気配の「平均値」、「中央値」、「最高値」、「最低値」の4つの値をいう。	テ98、176
	問13.　2	イ×　公社債流通市場は、店頭市場の比重が圧倒的に大きく、全売買量の99%以上を占めている。なお、店頭市場ではどんな債券でも売買できるが、取引所で売買できる債券は上場債に限られる。	テ175
		ロ○	テ182
		ハ×　財務大臣が指定する。	テ174
	問14.　1	$所有期間利回り=\frac{利率+\frac{売却価格-購入価格}{所有期間（年）}}{購入価格}\times100（\%）$ $=\frac{3.2+\frac{102.50-98.10}{3}}{98.10}\times100\fallingdotseq4.757\%$	テ187
	問15.　4	経過利子 $=額面（100円）当たり利子\times\frac{経過日数}{365}\times\frac{売買額面総額}{100}$ $=2.0\times\frac{73}{365}=0.4$ 額面100万円に対する経過利子 $=経過利子\times\frac{売買額面総額}{100}=0.4\times\frac{1,000,000}{100}=4,000円$ 売却代金の他に、4,000円の経過利子を受け取れる。	テ190～192
投資信託及び投資法人に関する業務	問16.　×	外国投資信託は、外国において外国の法令に基づいて設定された信託で、投資信託に類するものをいい、外国投資信託を日本で販売する場合には、金融商品取引法と投信法が適用され、日本で設定された投資信託と同じルールの下で販売が行われる。	テ114
	問17.　×	信用取引を行うこともできる。	テ113
	問18.　1	なお、正しい文章は次のとおりとなる。 ・（イ　a. クローズドエンド）型の発行証券は、換金するには市場で売却するしかない。 ・（ロ　b. オープンエンド）型の発行証券の買戻しは、純資産価格に基づいて行われる。 ・（ハ　a. クローズドエンド）型は、（ニ　b. オープンエンド）型に比べて、基金の資金量が安定している。	テ114

科目	解答		解説	学習テキスト参照ページ
投資信託及び投資法人に関する業務	問19. 1	イ○	また、投資信託財産に組み入れられている有価証券の指図行使も投資信託委託会社の業務である。	テ110、118、123
		ロ×	販売会社の業務である。	テ120
		ハ×	投資信託には、投資信託約款によりあらかじめ解約請求できない期間を定める場合があり、この期間をクローズド期間という。	テ131
	問20. 4	イ○		テ143
		ロ○		
		ハ○		
	問21. 3	イ×	最低限度の純資産額は、5,000万円以上とされている。なお、設立時の出資総額は、１億円以上とされている。	テ145
		ロ×	投資法人は、資産の運用は資産運用会社に、資産の保管は資産保管会社に委託しており、それ以外の業務は一般事務受託者に委託している。	テ147～148
		ハ○		テ145
CP等短期有価証券業務	問22. ×		資料の保管期間は、１年間である。	テ200
その他の金融商品取引業務	問23. ○			テ206
証券市場の基礎知識	問24. ○			テ9
	問25. ×		銀行は、金融商品の仲介を行うことができる。	テ7
セールス業務	問26. 1	イ○		テ153
		ロ×	外務員は、法令等違反について発覚した場合には、しかるべき部署や機関に速やかに報告を行う。さらに大きな事故に結び付く危険があることを心得なければならない。	
		ハ×	顧客と金融商品取引業者等との間には大きな情報格差があるため、それらを是正し、顧客が適切かつ十分な情報を得たうえで、顧客自らの判断に基づいて投資を行うべきであることを理解する。	

◆MEMO

◆MEMO

～編者紹介～

株式会社 日本投資環境研究所（略称 J-IRIS）

（Japan Investor Relations and Investor Support, Inc.）

1980年４月設立。みずほフィナンシャルグループ。2017年４月１日の合併に伴い、旧社名みずほ証券リサーチ＆コンサルティングより商号変更。

コンサルティング・調査事業、教育事業（ＦＰ研修、外務員研修等）のサービス等を提供する総合調査研究機関。日本ＦＰ協会の認定教育機関として、認定研修や継続研修等も展開するほか、多くの金融機関で外務員資格取得研修等を行う。商工会議所などの公益法人などでの各種セミナー、ＦＰ関連の相談業務、レポートなどの情報も提供している。

http://www.j-iris.com/

2024～2025　特別会員　証券外務員　［二種］対策問題集

2024年７月３日　初版第１刷発行

編　者　株式会社日本投資環境研究所

発行者　延　對　寺　　哲

発行所　株式会社ビジネス教育出版社

〒102-0074　東京都千代田区九段南4-7-13
TEL 03(3221)5361(代表)　FAX 03(3222)7878
E-mail:info@bks.co.jp　https://www.bks.co.jp/

落丁・乱丁はお取替えします。　　印刷製本：三美印刷株式会社

ISBN 978-4-8283-1084-8